| 来 | 华 | 短 | 期 | 汉 | 语 | 进 | 修 | 教 | 材 |

速通汉语

Expressway to Chinese

吴中伟 许金生 胡文华 主编
刘海霞 编著

高级

4

北京语言大学出版社
BEIJING LANGUAGE AND CULTURE UNIVERSITY PRESS

图书在版编目（CIP）数据

速通汉语 ：高级 . 4 / 吴中伟，许金生，胡文华主编 ；刘海霞编著 .-- 北京：北京语言大学出版社，2020.8

ISBN 978-7-5619-5661-8

Ⅰ.①速… Ⅱ.①吴… ②许… ③胡… ④刘… Ⅲ.①汉语－对外汉语教学－教材 Ⅳ.① H195.4

中国版本图书馆 CIP 数据核字（2020）第 096436 号

速通汉语 高级 4

SUTONG HANYU GAOJI 4

排版制作：北京创艺涵文化发展有限公司

责任编辑：张维嘉　　英文翻译：刘海霞

责任印制：周 燚　　英文编辑：侯晓娟

出版发行：北京语言大学出版社

社　　址：北京市海淀区学院路 15 号，100083

网　　址：www.blcup.com

电子信箱：service@blcup.com

电　　话：编辑部 8610-82303647/3592/3395

国内发行 8610-82303650/3591/3648

海外发行 8610-82303365/3080/3668

北语书店 8610-82303653

网购咨询 8610-82303908

印　　刷：天津嘉恒印务有限公司

版　　次：2020 年 8 月第 1 版　　印　　次：2020 年 8 月第 1 次印刷

开　　本：880 毫米 × 1230 毫米 1/16　　印　　张：8.5

字　　数：124 千字　　定　　价：48.00 元

PRINTED IN CHINA

编写说明

汉语进修教学，可分为强化型和普及型两种，本教材为普及型汉语进修教材。本教材主要面向来华短期进修教学项目，也适用于国内外其他各类普及型汉语进修教学项目。教材的初、中、高三级既相互衔接，又具有一定的独立性，可根据需要单独使用；学习者可从头学起，也可以从其中某一册学起。

普及型短期进修教学的主要特点是：教学周期相对较短，学习者课外学习时间有限，学习者的学习动机和学习需求差异较大。本教材遵循汉语作为第二语言教学的教材编写基本原则以及汉语教材编写的发展趋势，针对普及型短期进修教学的上述特点，在编写中着力体现以下特点：

1. 以任务为载体，兼顾结构、功能、文化

结构、功能、文化相结合，是汉语作为第二语言教学遵循的基本原则。结构、功能、文化相结合的载体，就是任务，即交际活动。本教材按照从输入型任务到输出型任务的顺序，通过任务活动促进语言的输入和输出，完成相应的教学目标。

在语言点的安排上，本教材尽量照顾到语法结构教学的系统性。在语境设计上，注意贴近学习者生活，突出实用性。在内容主题的选择上，密切反映中国当代社会特点，体现时代气息。在文化因素的处理上，兼顾世界文化的共通性和中国传统文化的独特性。

2. 听说为主，精泛结合

总的来说，本教材属于综合教材，以发展学习者的汉语综合运用能力为目标。但考虑到短期进修教学的特点，在技能培养上以听说为主，兼顾读写。初级阶段 1 ～ 4 册的所有教学内容，均为汉字和拼音对照形式，以适应部分学习者技能发展不平衡的情况，以及不同学习者对技能发展的不同需求。使用者可根据实际情况对读写技能培养确定相应的教学目标。

在中高级阶段，本教材在设计上体现精泛结合的理念，特别是高级阶段，对于聆听和阅读任务中的词语和结构，不要求全部掌握，为学习者的自主学习留出足够空间；同时，在完成理解性和表达性任务过程中，注意学习策略的培养。

3. 注重课堂教学的操作性

教材编写的过程化，是教材编写的发展趋势。所谓过程化，就是通过练习和活动设计逐步推进教学目标的实现，使教材的内部结构与实际课堂教学的过程基本一致，这样有助于更好地实现教材的设计理念和设计目标，也减轻了教师在教学设计上的压力。当

然，学习者的特点千差万别，有经验的教师完全可以根据具体情况对教材中的设计安排进行灵活调整。

4. 在难度和容量上保持足够的适用空间

短期进修教学，教学周期相对较短，或为1～2周，或为1～2个月；另外，中国国内各大学的短期班一般是每天3～4课时完成1课的教学任务。因此，我们把每册容量定为10课。如果每天1课，每周5天，则可供2周学完。每课主要内容的设计课时为3课时，但每课均配有“延伸活动（或拓展练习）”，可供第4课时使用。这样的设计，便于不同教学周期、不同课时量的教学项目灵活选用。

另外，本教材虽然跨越初、中、高三个等级，但限于容量，不可能出齐各级全部词汇和语言点，为了保证与各册总体难度等级相适应，初级阶段该出而未出的部分词语和个别语言点，在中级阶段不再作为生词和新的语言点处理，高级阶段则根据精泛结合的原则，仅对本阶段重点词语、重点格式进行处理。

本教材共12册。难度上与HSK等级的大致对应关系为（容量上不完全覆盖各级内容）：

本教材	初级	中级	高级
	1～4册	5～8册	9～12册
HSK相应水平	1～3级	4级	5级

教材由三位主编合作主持编写工作，具体分工如下：
许金生，负责初级1～4册；
胡文华，负责中级5～8册；
吴中伟，负责高级9～12册。

本教材出版前已在复旦大学国际文化交流学院暑期班试用，并根据试用反馈进行了修改，但肯定还存在疏漏、不足之处，敬请各位同行、老师批评指正！

编者

2019年3月

本册使用说明

《速通汉语　高级》共四册，本书为第四册，除本套教材总体特点以外，作为高级阶段用书，建议教师特别关注以下几个方面：

一、注重形式与内容的有机结合

高级阶段的教学，在话题内容上有一定的专门化倾向，要有一定的深度。我们尽量选择比较稳定的、具有普适性和可讨论性的话题，同时在活动或任务中让学生自己找资料或开展小型调研，联系当前、当地具体情况，搜集材料，发表观点，展开讨论。同时，每个话题的背后都有隐性的语言教学目标，并通过练习来引导学生有意识地关注相关语言点。

建议在教学过程中坚持以内容为中心，同时适度关注语言形式，在以内容为中心的教学过程中实现学习者的汉语综合运用能力的发展。

二、培养学生的自主学习能力

尽管使用本册的学习者具有大致相同的汉语水平，但是在具体的学习点上是各不相同的。因此，本书每课后面均设有学习反思活动，让学生自觉地监控自己的学习过程，各取所需，各有所获。

建议教师在使用本教材时根据学生的具体情况调整教学目标和要求，并注意引导学生的学习策略，培养学生的自主学习能力。

三、注意“质”与“量”的平衡、“精”与“泛”的结合

学习者的二语发展，是在大量、反复接触和运用语言的过程中逐步完善的，而不是以高度准确性为前提的简单的累积过程。本书不是一本精读教材。本书不设立传统意义上的“词语表”，仅提供“关键词语”；不设立传统意义上的“语言点”讲解，而是在活动环节的设计中有意识地关注本课重点词语和结构的运用；对于语料，重视语言表达的自然度，在此前提下，尽量保证语言难度的合适性和教学点的复现度及凸显度。

本书的听力和阅读材料都具有一定的泛听和泛读性质，教师在使用过程中不必要求学生百分之百理解，更不必要求对其中的词语和结构百分之百掌握，对于涉及的重点词语和结构，不必详细讲解其用法，适当“提点”即可。

教师可结合语言教学，适当训练学生理解和表达的相关微技能。

四、通过输出性活动驱动语言学习

高级阶段教材的输入材料，在相当程度上是发挥激发和驱动表达的作用，并为表

达提供一定的基础。但学习者在表达的时候一旦发生障碍，课文 / 语料本身并不一定都能提供充分的支持。这时候，需要学习者的主动学习（如查词典）以及教师的针对性帮助，这样才能实现通过输出促进习得的目的。

建议教师在学习者的表达性活动中适度关注语言表达的准确度、流利度和复杂度，尽量为学生提供充分的相关表达方式，以满足学生个性化、创造性表达中的语言需求。另外，可以把语言教学和批判性阅读结合起来，不断推进话题的深化和语言表达能力的提升。

五、兼顾四项技能，体现语体风格差异

本教材旨在培养学生听、说、读、写各项技能，但在教材设计上不是将听、说、读、写通过“课文”“毕其功于一役”，而是采取“听—读—说”不同活动逐步推进的方式。同时，根据特定语境和话题内容，以及由此限定的语言正式度的差异，呈现得体的表达方式。

在表达能力的培养方面，高级阶段可以采取“以写促说”的教学策略，让学生先写后说，通过“写”提高语言表达的正式度、复杂度和规范性。因此，在教材的口头表达任务中，我们要求学生先用参考词语和格式写一个提纲，然后再说。

考虑本教材主要面向短期教学项目，因此我们对“写”没有较高要求。在使用中教师可根据实际情况进行调整。

本书所用语料，大多基于网上材料进行大幅度改写，或者综合多方面材料后重写。作为语言教材，编者对语料中的观点不持立场，甚至为了激发讨论，同一课中的几篇语料在观点上本来就是不一致的，编者对语料内容的真实性也不做核实，文中涉及的一些人名、公司名，大多是虚拟的。特此说明。

本册每课可用 3 ～ 4 课时完成，其中“拓展练习”部分约需 1 课时，为可选部分。“拓展练习”中出现过的“关键词语”，如果在后续课文中出现，如有必要，仍列入“关键词语”。

编　者

语法术语缩略形式表
Abbreviations of Grammar Terms

缩略形式 Abbreviation	英文翻译 English	中文名称 Chinese
A	Adjective	形容词
Adv	Adverb	副词
Conj	Conjunction	连词
M	Measure Word	量词
N	Noun	名词
NP	Noun Phrase	名词词组
Nu	Numeral	数词
O	Object	宾语
PN	Proper Noun	专有名词
Pre	Prefix	前缀
Prep	Preposition	介词
Pron	Pronoun	代词
Pt	Particle	助词
Q	Quantifier	数量词
S	Subject	主语
Suf	Suffix	后缀
V	Verb	动词
VP	Verb Phrase	动词词组

目录

第一课 抽烟有害健康

一、热身

1. 你抽烟吗？你周围抽烟的人多吗？
2. 你觉得抽烟对身体有害吗？

二、听力

听力 A 01-1

关键词语

1	染	rǎn	V	to contract (a disease), to acquire (a bad habit)
2	烟瘾	yānyǐn	N	a craving for tobacco
3	高速	gāosù	A	rapid
4	趋势	qūshì	N	trend
5	紧随	jǐn suí		to follow immediately

1 听第一遍录音，判断正误。

（1）（　　）据报道，全球目前有二十分之一的男性有烟瘾。

（2）（　　）2015 年，全球吸烟人数已经超过了 10 亿。

（3）（　　）大部分吸烟者来自亚洲。

（4）（　　）美国、中国和印度的女烟民最多。

2 听第二遍录音，填空。

（1）英国某医学杂志称，全球四分之一的_______和二十分之一的_______染有烟瘾。

（2）在未来________年内，吸烟将可能导致全球约 10 亿人死亡。

（3）________、中国和印度的女烟民最多。

（4）________烟民人数紧随中国、印度和美国之后，位列第四。

3 听第三遍录音，回答问题。

（1）英国某医学杂志称全球有多少男性有烟瘾？

（2）杂志预测，在未来多少年内，吸烟将可能致全球约 10 亿人死亡？

（3）哪三个国家的女烟民最多？

（4）位列吸烟人数第四位的是哪个国家？

听力 B 01-2

关键词语

1	日前	rìqián	N	a few days ago
2	预计	yùjì	V	to estimate
3	代价	dàijià	N	price
4	劳动力	láodònglì	N	labor force
5	丧失	sàngshī	V	to lose
6	损失	sǔnshī	N&V	loss; to damage
7	烟草税	yāncǎoshuì		tobacco tax

1 听第一遍录音，判断正误。

（1）（　　）现在全球有 10 亿多吸烟者。

（2）（　　）目前中国已经在全国范围内禁烟。

（3）（　　）有人认为，提高香烟的价格，可以减少吸烟人数。

2 听第二遍录音，填空。

（1）在目前全球 10 亿多吸烟者中，近 80% 的人生活在________和中等收入国家。

（2）如果不在短期内尽快减少吸烟人口的话，中国将会付出巨大的________。

（3）北京市和________禁止在绝大多数公共场所吸烟。

（4）目前中国一盒普通的香烟价格仅为________左右。

3 听第三遍录音，回答问题。

（1）目前全球吸烟者中，大部分生活在哪些国家？

（2）中国如果不在短期内减少吸烟人口，将会有什么后果？

（3）北京和上海的禁烟政策是怎样的？

（4）目前中国一盒普通香烟的价格大概是多少？

三、阅读

阅读A

关键词语

1	礼仪	lǐyí	N	etiquette
2	顺手	shùnshǒu	Adv	to do something as a natural sequence or simultaneously
3	套近乎	tào jìnhu		to cotton (up) to somebody/something
4	嗜好	shìhào	N	hobby, addiction
5	实施	shíshī	V	to carry out
6	显眼	xiǎnyǎn	A	conspicuous
7	处罚	chǔfá	V	to punish

从敬烟到禁烟

目前，中国是世界上最大的香烟生产国和消费国，烟民多达3.5亿。敬烟曾经是中国人习以为常的一种社交礼仪。比如你想求人办事，或者举办婚礼，没有烟是绝对不行的。另外，如果熟人相聚，抽烟时不顺手分给同伴一根，就会让人觉得没有礼貌，甚至会让人觉得你小气。哪怕是陌生人之间套近乎，给周围的人分烟也是非常重要的，烟能很快地拉近人和人的距离。这么看来，吸烟对一些人来说，就不仅仅是一个嗜好问题，而是一种社交行为了。

不过，在现在的中国，尤其是在大城市，吸烟的人在逐渐减少，给人敬烟不再被视为基本“礼节”。人们已经意识到吸烟有害健康。越来越多的中国城市禁止在公共场所、公共交通工具上吸烟，并得到了越来越多的人支持。控烟逐渐成为社会各方面的共识。以北京市为例，自 2015 年 6 月 1 日《北京市控制吸烟条例》实施以来，吸烟人数减少了 20 万。现在北京市的商场、饭店等公共场所都在最显眼的位置贴有禁烟标识。如果在公共场所吸烟，会有人来及时制止，如果还坚持吸烟，吸烟者和场所都会遭到处罚。上海也从 2017 年 3 月起实施室内公共场所全面禁烟。上海很多大医院的呼吸科戒烟门诊就诊人数较以往有大幅度的提高。一些烟民明确表示，禁烟条例出台后，吸烟会带来很多麻烦，最好的办法就是戒烟。

1 快速读完上面的短文，并根据短文内容选择正确答案。

（1）目前，________是世界上最大的香烟生产国和消费国。

A. 美国　　B. 印尼　　C. 中国

（2）在中国，如果熟人相聚，抽烟时不顺手分给同伴一根，就会让人觉得________。

A. 无所谓　　B. 没礼貌　　C. 很正常

（3）《北京市控制吸烟条例》于________年开始实施。

A. 2015 年　　B. 2016 年　　C. 2017 年

（4）上海从________年 3 月起实施室内公共场所全面禁烟。

A. 2015 年　　B. 2016 年　　C. 2017 年

2 再读一遍短文，根据短文内容填空。

（1）敬烟________中国人习以为常的一种社交礼仪。

（2）________是陌生人之间套近乎，给周围的人分烟也是非常重要的，烟能很快地________人和人的距离。

（3）如果在公共场所吸烟，会有人来及时________，如果还坚持吸烟，吸烟者和场所都会遭到________。

3 根据短文内容，用括号内的词语或格式回答问题。

（1）为什么说敬烟曾经是中国人习以为常的一种社交礼仪？（礼貌 和……拉近关系）

（2）根据本文，北京和上海采取了什么控烟措施？（公共场所 处罚）

阅读 B

关键词语

1	警示	jǐngshì	V	to caution
2	欲望	yùwàng	N	desire
3	冲击	chōngjī	V	to impact
4	名山大川	míngshān-dàchuān		famous mountains and great rivers
5	花卉	huāhuì	N	flowers and plants
6	呼吁	hūyù	V	to appeal(to somebody)(to do something)

图形警示上烟包

“图形警示上烟包”是指通过在香烟的外包装上设置警示图案和文字，来降低人们吸烟的欲望。其中的图片大多来自真人因抽烟而患病的图片，对吸烟者的心理冲击比较大，是让人放弃吸烟的一种有效方式。据不完全统计，全球已有118个国家和地区的烟盒包装印制了警示图形；其中105个国家和地区规定警示图形至少要占烟盒包装面积的50%，还有的国家规定至少占75%。

那么中国的情况是怎样的呢？记者走访了北京市一些售卖烟酒的商店、超市，发现无论是从色彩上还是从图案上来看，中国的烟盒设计都比较精美。一些烟盒上还印有中国的名山大川或花卉草木，而警示图形只占烟盒的一小部分，并且只有文字，没有图案。据专家介绍，中国国家烟草专卖局曾于2008年、2011年、2016年三次调整卷烟包装警示语，但最后也只是把文字警示语面积增加到35%。为有效警示烟民，专家呼吁，政府应大力推进“图形警示上烟包”这一最简单、最经济、最有效的控烟教育手段。

中国控烟协会曾在北京、天津、郑州和唐山四个城市对5230名公众开展了有关“图形警示上烟包”的调查。调查结果显示，有77%的人认为印有健康警示图形对告知吸烟危害很有效，77.2%的人支持烟盒包装使用警示图形，69.3%的人表示不会将印有警示图形的烟作为礼品赠送。这表明使用警示图形是大多数公众的愿望。

1 快速读完上面的短文，并根据短文内容选择正确答案。

（1）据不完全统计，全球已有________个国家和地区的烟盒包装印制了警示图形。

A. 118　　B. 105　　C. 15

（2）中国目前烟盒上的警示图形是怎样的？

A. 没有文字，也没有图案

B. 有文字，没图案

C. 有图案，没文字

（3）中国控烟协会曾在哪四个城市开展了有关“图形警示上烟包”的调查？

A. 北京、天津、郑州、唐山

B. 北京、上海、广州、深圳

C. 北京、重庆、天津、杭州

2 再读一遍短文，根据短文内容填空。

（1）其中的图片大多________真人因抽烟而患病的图片，对吸烟者的心理冲击比较大，是让人放弃吸烟的一种________方式。

（2）________是从色彩上________从图案上来看，中国的烟盒设计都比较精美。

（3）69.3%的人表示不会________印有警示图形的烟________礼品赠送。

3 根据短文内容，用括号内的词语或格式回答问题。

（1）什么是"图形警示上烟包"？（通过……，来……）

（2）为什么图形警示会降低人抽烟的欲望？（来自 心理冲击）

（3）"图形警示上烟包"在中国是什么情况？（无论……还是……）

四、表达活动

3～5人一组，交流一下各自国家有哪些禁烟措施，并进行评价。

（1）先把你知道的措施写在一张纸上，你可以选用下面括号里的词语。

（危害 导致 共识 实施 制止 处罚 冲击）

（2）在小组里互相交流对禁烟措施的评价。

（3）每一组派一个代表向全班汇报小组的交流情况。

五、拓展练习

听力 01-3

关键词语

1	打哈欠	dǎ hāqian		to yawn
2	缓解	huǎnjiě	V	to relieve
3	意志力	yìzhìlì		willpower
4	不适	búshì	A	discomfort

1 听第一遍录音，判断正误。

（1）（ ）作者认为，吸烟容易，戒烟不容易。

（2）（ ）在戒烟的时候，人容易发脾气。

（3）（ ）吃零食对戒烟没有帮助。

（4）（ ）专家建议最好在35岁以后开始戒烟。

2 听第二遍录音，填空。

（1）这些身体和心理的反应________都是正常的。

（2）这其实就是一场考验，坚持________，就________成功戒烟不远了。

（3）________靠意志力________，其他一些小方法也可以来帮助戒烟。

（4）不管对于哪个年龄层的人来说，戒烟都是一件________健康的事情。

3 听第三遍录音，回答问题。

（1）为什么说吸烟容易戒烟难？

（2）什么样的状态离成功戒烟不远了？

（3）除了靠意志力外，人们还可以通过哪些方法来帮助戒烟？

阅读

关键词语

1	具备	jùbèi	V	to possess, to have
2	离异	líyì	V	to be divorced
3	表象	biǎoxiàng	N	appearance
4	交际	jiāojì	V	to communicate
5	应酬	yìngchou	V&N	to engage in social activities; social engagement

你为什么吸烟？

哪些人在吸烟？他们为什么吸烟？在世界卫生组织的协助下，中国疾病预防控制中心于2010年上半年组织进行了这一调查。调查结果显示了吸烟者复杂的人群结构和心态。

1. 吸烟是为了减少焦虑

调查显示，具备以下特征的人群吸烟率较高：男性、40～49岁、无业、文化程度低（小学或初中文化）、离异或分居、低收入。但事实上，吸烟不是因为贫穷，也不是因为文化程度低，那只是表象。根本的原因是焦虑和压力，他们抽烟，是为了减轻焦虑和压力。

2. 吸烟是为了人际交往

调查还显示，吸烟的一大原因是人际交往的需要。统计资料表明，中国男性吸烟人群中有67.8%的人认为吸烟有助于交际，中国女性吸烟人群中有52.14%的人认为吸烟有助于交际应酬。

3. 吸烟是为了显示身份

对烟的消费水平与个人的消费能力始终成比例。因此，在一些人的眼里，抽高级烟的人是有钱、有地位的人。

4. 吸烟是为了显示独立

这里主要指女性，女性之所以吸烟，更多的是希望通过吸烟显示独立，与男性平等。女性吸烟者中真正像男人一样有烟瘾的其实非常少，她们更注重的是吸烟行为本身带来的时尚感。

1 快速读完上面的短文，并根据短文内容选择正确答案。

（1）本文中的调查是在________进行的。

A. 2010 年　　B. 2011 年　　C. 2012 年

（2）根据这篇短文，下面哪种类型的人吸烟比例较高？

A. 40 多岁的无业人员

B. 18 岁的大学生

C. 20 多岁的小白领

（3）女性吸烟更多是为了________。

A. 减少焦虑　　B. 显示独立　　C. 人际交往

（4）下面哪个不是本文提到的吸烟的原因？

A. 显示身份　　B. 减少焦虑　　C. 帮助思考

2 再读一遍短文，根据短文内容填空。

（1）但事实上，吸烟不是因为贫穷，也不是因为文化程度低，那只是________。________的原因是焦虑和压力。

（2）中国女性吸烟人群有52.14%的人认为吸烟有助于________________。

（3）女性之所以吸烟，更多的是希望通过吸烟显示________，与男性________。

3 根据短文内容，用括号内的词语或格式回答问题。

（1）为什么低收入者吸烟率较高？（表象　根本）

（3）吸烟者怎么看吸烟对人际交往的作用？（有助于）

（3）女性吸烟的较特别的原因是什么？（独立）

语言实践

参考上面的短文，做一个和年龄、性别、职业相关的调查表，调查一下你周围吸烟者吸烟的原因。

六、聚宝盆（写下这一课新学会的词语和句子）

第二课

让人又爱又恨的手机

一、热身

1. 你还记得你的第一部智能手机是什么时候买的吗？
2. 你每天花在手机上的时间大概是多少小时？
3. 你觉得手机对你的生活有哪些影响？

二、听力

听力A 02-1

关键词语

1	发扬光大	fāyáng-guāngdà		to carry forward, to develop
2	伴侣	bànlǚ	N	partner, husband or wife
3	冷落	lěngluò	V	to snub, to treat coldly
4	无形中	wúxíngzhōng	Adv	virtually, imperceptibly
5	侵入	qīnrù	V	to invade
6	妨碍	fáng'ài	V	to hamper
7	沉思	chénsī	V	to ruminate

1 听第一遍录音，判断正误。

（1）（　　）手机正在影响人们的私人生活。

（2）（　　）一直不停地玩儿手机会影响人际关系。

（3）（　　）美国贝勒大学的研究是为了显示手机的功能很强大。

（4）（　　）本文认为手机能够帮助我们真正了解一个人。

2 听第二遍录音，填空。

（1）研究证明，一直不停地玩儿手机不仅伤________，更伤________。

（2）美国贝勒大学邀请450位成年人评价“________”带来的影响。

（3）要真正认识并了解一个人，需要的是________及________投入。

（4）不仅如此，手机还会妨碍________和________。

3 听第三遍录音，回答问题。

（1）一直不停地玩儿手机有什么后果？

（2）美国贝勒大学的研究主要是为了什么目的？

（3）本文认为怎样才能真正了解一个人？

（4）智能手机为什么会影响人们的生活？

听力 B 02-2

关键词语

1	开销	kāixiāo	N	spending
2	密切	mìqiè	A	close
3	负担	fùdān	N	burden
4	一刀切	yìdāoqiē	V	to allow no flexiblity
5	入侵	rùqīn	V	to invade
6	轻而易举	qīng'éryìjǔ		as easy as pie
7	媒介	méijiè	N	medium

1 听第一遍录音，判断正误。

（1）（　　）现在没有人不用智能手机。

（2）（　　）里德打算以后去买智能手机。

（3）（　　）里德认为智能手机不是生活必需品。

（4）（　　）里德对所有的通信设备都不感兴趣。

2 听第二遍录音，填空。

（1）如果现在还有人拒绝用智能手机，很可能会被认为是个________。

（2）手机用户随时在线确实便利，但也________你对各种人和事物保持________关注，这是一种巨大的精神负担。

（3）里德不用智能手机，但不________使用传统的固定电话。

3 听第三遍录音，回答问题。

（1）什么样的人会被认为是个怪人？

（2）里德对智能手机是什么态度？

（3）里德认为手机的哪个方面，会给人带来巨大的精神负担？

（4）里德对固定电话是什么态度？

三、阅读

阅读 A

关键词语

1	更新	gēngxīn	V	to update
2	开支	kāizhī	N	expenditure
3	配件	pèijiàn	N	parts, fittings of a machine
4	胡乱	húluàn	Adv	at random
5	沉迷	chénmí	V	to indulge (in)
6	疏远	shūyuǎn	A	distant, alienated
7	电线杆	diànxiàngān		telegraph pole

手机的负面影响

手机对人们的生活有哪些负面影响呢？我觉得有以下几点：

经济方面。由于手机更新比较快，一部手机基本上用一两年就要更换。一部手机价格至少在千元以上，这是一笔不小的开支。

环保方面。当人们换新手机时，相关的充电器、电池以及其他的配件，可能会被一些人胡乱丢弃，使环境受到污染。

身体健康方面。大家都知道，长期玩儿手机，不仅影响视力，也会对脖子等部位造成伤害。

交流能力方面。现在有一个普遍的现象，不管多大年龄，每个人手里都拿着一部手机，低着头各玩儿各的。长期沉迷于手机，会造成当面交流的能力越来越弱，人际关系也会越来越疏远。

安全方面。“低头族”已经不是新名词了。在家低头也罢了，如果在大街上走路还低头看手机就危险了。有的人边走边低头看手机，我真担心他会一头撞到电线杆上。甚至有的人边骑车边看手机，实在让人为他们的安全担忧。

所以说，手机提高了人们的生活质量，也给人们带来了方方面面的负面影响。

1 快速读完上面的短文，并根据短文内容选择正确答案。

（1）手机一般多长时间更换？

A. 一两年　　B. 两三年　　C. 三四年

（2）当人们更换手机的时候，可能会造成下列哪种后果？

A. 污染环境　　B. 影响健康　　C. 增加危险

（3）长期玩儿手机会影响人的什么能力？

A. 当面交流的能力　　B. 运动能力　　C. 语言能力

2 再读一遍短文，根据短文内容填空。

（1）一部手机价格至少在千元以上，这是一笔不小的________。

（2）当人们换新手机时，相关的充电器、________以及其他的配件，可能会被一些人______________，使环境受到污染。

（3）现在有一个普遍的现象，就是不管多大年龄，每个人手里都拿着一部手机，低着头______________。

3 根据短文内容，用括号内的词语或格式回答问题。

（1）为什么说使用手机会对人的经济状况造成影响？（更新　开支）

（2）为什么换手机会使环境受到污染？（配件　胡乱）

（3）本文认为，现在在很多场合人们都在做什么？（普遍　低头　各玩儿各的）

阅读 B

关键词语

1	数字化	shùzìhuà	V	to digitize
2	访客	fǎngkè	N	visitor
3	彻底	chèdǐ	A	thoroughly
4	干扰	gānrǎo	V	to disturb
5	矛盾	máodùn	N	contradiction
6	从容	cóngróng	A	leisured

手机让我们失去了耐心

英国心理学家理查德·威丝曼发现，在10年内，世界大都市行人的步行速度已经增快了10%，尤其突出的是新加坡和中国广州。这两个城市的排名在20世纪90年代初还很靠后，在10年后的第二次观察中就已经分别位列第一和第四。在新加坡，行人走60步，只需10.55秒；广州的行人需要10.94秒；柏林位列第七，为11.16秒；纽约第八，为12秒。

由此，威丝曼得出了一个推论：一个社会的技术化、数字化和个性化程度越高，日常生活节奏就越快，而且随着日常生活节奏的加快，人们也越来越缺少耐心。1999年，当一个网页的打开时间超过8秒钟时，会失去1/3的访客；而到了2006年，仅仅4秒之后，访客就彻底失去了耐心；如今，访客的耐心竟然只能保持短短2秒！

现代人不断被手机等电子产品带来的干扰所打断，以致很难集中注意力去工作和实现真正的放松。据调查显示，一个手机用户平均每天会打开他们的手机屏幕88次，其中接近50%只是为了查看时间或是新消息。

这就是我们这个时代最大的矛盾：数字化本应带给我们更多的休息时间和更

高的效率，从而让我们更加从容、更加放松；但事实正相反，我们变得更匆忙、更紧张了。

1 快速读完上面的短文，并根据短文内容选择正确答案。

（1）威丝曼发现，在 10 年内，世界大都市行人的步行速度已经增快了________。

A. 6%　　B. 8%　　C. 10%

（2）根据调查，下列哪座城市居民的步行速度最快？

A. 柏林　　B. 纽约　　C. 新加坡

（3）1999 年，当一个网页的打开时间长于________秒钟时，会失去 1/3 的访客。

A. 2　　B. 6　　C. 8

（4）事实上，数字化让我们________。

A. 有更多的休息时间

B. 有更高的效率

C. 变得更匆忙

2 再读一遍短文，根据短文内容填空。

（1）在 10 年内，世界大都市行人的步行速度已经增快了 10%，________突出的是新加坡和中国广州。

（2）一个社会的技术化、数字化和个性化程度越高，日常生活________就越快。

（3）现代人不断被手机等电子产品带来的干扰所打断，________很难集中注意力去工作和实现真正的放松。

3 根据短文内容，用括号内的词语或格式回答问题。

（1）现代人为什么很难集中注意力工作？（被……所打断）

（2）威丝曼认为，在什么情况下，一个社会的日常生活节奏会越来越快？

（技术化　数字化　个性化）

（3）我们这个时代最大的矛盾是什么？（从容　放松　匆忙　紧张）

四、表达活动

3～5人一组，交流一下如何理解“数字化本应带给我们更多的休息时间和更高的效率，从而让我们更加从容、更加放松；但事实正相反，我们变得更匆忙、更紧张了”这个观点。

（1）先把你的看法写在一张纸上，你可以选用下面括号里的词语。

（控制　沉迷　干扰　以致　上瘾　生活节奏）

（2）在小组里互相交流彼此的看法。

（3）每个小组派一个代表向全班汇报小组的交流情况。

五、拓展练习

听力 02-3

关键词语

1	皱纹	zhòuwén	N	wrinkle
2	业内人士	yènèi rénshì		insider
3	统一	tǒngyī	A	unified
4	便携	biàn xié		portable
5	困扰	kùnrǎo	V	to bother, to trouble
6	极端	jíduān	N&Adv&A	extreme; extremely

1 听第一遍录音，判断正误。

（1）（　　）“技术脖”是一种疾病的名称。

（2）（　　）经常低头看手机会引起“技术脖”。

（3）（　　）脖子长皱纹是天生的。

（4）（　　）脖子长了皱纹就再也没办法消除了。

2 听第二遍录音，填空。

（1）经常低头看________，会让年轻人脖子部分的皱纹不断加深。

（2）下巴变松、脖子长皱纹等问题原本在________时期才会出现。

（3）“技术脖”主要出现在________岁至________岁年龄群中。

（4）爱美又怕疼的姑娘们，每天多________吧！

3 听第三遍录音，回答问题。

（1）经常做什么事，脖子上的皱纹会加深？

（2）“技术脖”一般集中在什么样的年龄群中？

（3）作者建议爱美又爱看手机的女孩子做什么？

阅读

关键词语

1	依赖	yīlài	V	to rely on
2	争分夺秒	zhēngfēn-duómiǎo		to make full use of every minute
3	业余	yèyú	A	sparetime
4	全民	quánmín	N	the whole people
5	受罪	shòu zuì	VO	to endure hardships, torture, rough conditions, etc.
6	倡导	chàngdǎo	V	to advocate, to promote

治疗“手机依赖症”的几个“药方”

一些人的“手机依赖症”已经相当严重了。吃饭时单手玩儿手机，开会时偷偷在桌下玩儿手机，就连在挤满人的电梯里，也有人争分夺秒地看手机。

在我看来，造成“手机依赖症”的原因不是手机的魅力太大，而是人们的业余生活太单调了。下面我来为治疗“手机依赖症”开几个“药方”。

第一，全民健身。

现在人们的健身意识比以前强多了，但还远远不够。一方面，需要多宣传，多引导；另一方面，要建设更多的运动场馆。

第二，全民旅游。

“世界那么大，我想去看看。”谁不想呢？但是，看看现在节假日各地景点人山人海的样子，这样的旅游简直是受罪，很多想去旅游的人只能选择留在家里。谁愿意出门买罪受呢？希望有关部门能大力推广弹性工作时间，错开旅游高峰。另外，景点的门票不要那么贵。出门旅游的人多了，闷在家里看手机的人就少了。

第三，全民读书。

首先要倡导全民读书的风气。在休闲的时候，可以看看书，看看报。其次，政府部门应多修建一些公共图书馆，尤其是在农村。

治疗“手机依赖症”的办法其实很多，可以通过文化、艺术、读书、体育等各类活动来降低人们对手机的过度依赖。不过，这是一个系统工程，需要政府和全社会共同努力。

1 快速读完上面的短文，并根据短文内容选择正确答案。

（1）下面哪一种不是短文中提到的玩儿手机的场合？

A. 吃饭时　　B. 开会时　　C. 考试时

（2）短文中提到的“药方”是什么意思？

A. 药品　　B. 方法　　C. 技术

（3）作者开的“药方”都和什么有关？

A. 提高手机的性能

B. 丰富人们的业余生活

C. 减少社会的压力

（4）下面哪个不是人们不愿意出去旅游的原因？

A. 没时间　　B. 人太多　　C. 门票贵

2 再读一遍短文，根据短文内容填空。

（1）造成“手机依赖症”的原因________手机的魅力太大，________人们的业余生活太单调了。

（2）________，需要多宣传，多引导；________，要建设更多的运动场馆。

（3）很多想去旅游的人只能选择留在家里。谁愿意________呢？

（4）治疗“手机依赖症”的办法其实很多，可以________文化、艺术、读书、体育等各类活动来________人们对手机的过度依赖。

3 根据短文内容，用括号内的词语或格式回答问题。

（1）“手机依赖症”表现在哪些方面？（单手 偷偷 争分夺秒）

（2）作者认为中国人依赖手机的原因是什么？（业余活动）

（3）应该怎样治疗“手机依赖症”？（通过……来降低 依赖）

语言实践

（1）调查一下你周围的同学每天大概花多长时间在手机上。

（2）你有“手机依赖症”吗？你觉得上文作者开出的“药方”有用吗？

六、聚宝盆（写下这一课新学会的词语和句子）

第三课 网红现象

一、热身

1. 你知道什么是网红吗？
2. 你对网红现象怎么看？

二、听力

听力 A　03-1

关键词语

1	偶像	ǒuxiàng	N	idol
2	副产品	fùchǎnpǐn	N	by-product
3	迷人	mírén	A	charming
4	下巴	xiàba	N	jaw, chin
5	标配	biāopèi	N	standard configuration
6	才华	cáihuá	N	literary or artistic talent
7	途径	tújìng	N	way, approach

1　听第一遍录音，判断正误。

（1）（　　）本文中谈到的网红是一些只生活在网络中的机器人。

（2）（　　）网红都长得很漂亮。

（3）（　　）有人靠才华成为网红。

2 听第二遍录音，填空。

（1）网红，指网络红人，就是在网络上________的人。

（2）网红是网民的________；网民是网红的________。网红现象，是网络发展的________。

（3）靠________来吸引粉丝，也是成为网红的一个途径。

3 听第三遍录音，回答问题。

（1）根据本文，什么样的人被称为网络红人？

（2）靠才华吸引粉丝的人，一般都在网上做些什么？

听力 B 03-2

关键词语

1	心甘情愿	xīngān-qíngyuàn		to be most willing to
2	黄牛	huángniú	N	scalper
3	风靡	fēngmǐ	V	to sweep, to be popular
4	追求	zhuīqiú	V	to pursue
5	恰恰	qiàqià	Adv	just, precisely
6	催生	cuī shēng	V	to generate

1 听第一遍录音，判断正误。

（1）（　　）没有人愿意为买一杯饮料排几个小时的队。

（2）（　　）网红商品的消费者都是大学生。

（3）（　　）网红商品的消费者集中在城市。

（4）（　　）只有网红店里出售的商品才是网红商品。

2 听第二遍录音，填空。

（1）这是风靡朋友圈的网红食品，……，不但可以吃到________里，还能发到________里。

（2）他们有两大特点：一是追求________，二是追求________。

（3）这些年轻人________愿意排队，________还愿意从很远的地方赶到网红店去排队。

3 听第三遍录音，回答问题。

（1）人们购买网红食品除了用来吃，还用来做什么？

（2）网红商品的粉丝主要是什么人？为什么？

三、阅读

阅读 A

关键词语

1	正规	zhèngguī	A	formal
2	天赋	tiānfù	N	genius, talent
3	夸张	kuāzhāng	A	exaggerated
4	不经意	bù jīngyì		casual
5	反差	fǎnchā	N	contrast
6	炒作	chǎozuò	V	to hype
7	策划	cèhuà	V	to plan

网红的诞生

网红是如何诞生的？据笔者分析，大致可分为以下四种情况：

第一类是通过艺术才华成名的。他们大都不是专业出身，没有接受过大学正规的训练，而是靠天赋和兴趣自学成才。他们把自己的作品放到一些较有影响力的专业网站上，慢慢聚集人气，从而拥有了固定的粉丝群。第一代网红基本上属于这一类。

第二类，他们热衷于在网络上发布视频或者图片，但并不是为了展示自己的艺术才华，而是通过展示夸张的语言或行为，引起网民的注意，带有很强的商业目的。

第三类则与上面一类恰好相反，他们并不是主动去走红，而是自己生活中某次不经意的行为被网友通过照片或者视频传到网上，成了网络红人。他们平时的普通身份和不经意中的某些行为形成了巨大的反差，让网民们觉得新鲜有趣。而他们自己甚至还不知道自己在某一时刻已经成为了网络的焦点。

最后一类网络红人是炒作出来的，他们背后往往有一个团队，经过精心策划，选择在某个大众关注度很高的场合推出某个形象，然后组织大量的人力、物力来进行炒作，在网上造成一种非常热闹的假象，以引起更多的网民关注，一段时间以后，就把一个人炒红了。

1 快速读完上面的短文，并根据短文内容选择正确答案。

（1）第一代网络红人基本是靠________来打动网民的。

A. 作品　　B. 图片　　C. 视频

（2）本文介绍了目前的几种网红类型？

A. 3 种　　B. 4 种　　C. 5 种

（3）根据本文，下面哪一项是错误的？

A. 有些人做网红带有很强的商业目的

B. 有些人是在不经意间成为网红的

C. 网红都是个人行为

2 再读一遍短文，根据短文内容填空。

（1）第一类是通过____________成名的。他们大都不是________出身，没有接受过大学正规的训练，而是靠天赋和兴趣自学成才。

（2）有的网红，通过展示夸张的________或________，引起网民的注意。

（3）他们________往往有一个团队，经过精心策划，选择在某个大众关注度很高的________推出某个形象，然后组织大量的人力、物力来进行________。

3 根据短文内容，用括号内的词语或格式回答问题。

（1）有些普通人是如何成为网红的？（并没有　而是　反差）

（2）有些网红是如何由团队炒作出来？（在……场合　造成……的假象）

阅读 B

关键词语

1	自媒体	zìméitǐ		We Media
2	眼球经济	yǎnqiú jīngjì		eyeball economy
3	实体经济	shítǐ jīngjì		substantial economy
4	女郎	nǚláng	N	young lady
5	真人秀	zhēnrénxiù		reality show
6	凭借	píngjiè	V	to rely on
7	据悉	jùxī	V	it is said
8	迎合	yínghé	V	to cater to
9	警惕	jǐngtì	V	to watch out for

网红们的“生意经”

根据《2016 中国网红经济白皮书》（下简称《白皮书》），中国目前的网红人数超过 100 万，其中作品创作网红占 11.6%，视频直播网红占 35.9%，新闻事件网红占 18.2%，自媒体网红占 27.3%，其他类网红占 7%。据了解，国内网红的平均月收入已超 2 万元。网红聚集了大量粉丝后，是如何利用人气来挣钱的呢？

网红经济的本质是一种眼球经济、粉丝经济，是注意力资源与实体经济的结合。开网店卖产品，将粉丝转化为购买力，是网红的一大赚钱方式。早期网红又被称为“淘女郎”，因为每个网红的背后，几乎都有一家销量很大的淘宝店。网红店主把自己店里的衣服拍成“真人秀”放在社交平台上，凭借美貌吸引大量粉丝，将他们引向淘宝店铺。据悉，目前淘宝上已经有超过 1000 家网红店铺。

网红经济的出现，与经济、社会的发展有直接联系。不论是时尚、健身、美食还是旅行，网红传播的是他们的生活方式，也迎合了现在“80后”“90后”对美的追求、对时尚的追求。很多年轻人的朋友圈，时常转发一些网红照片、网红信息、网红产品等。根据《白皮书》，10%的网民为网红花过钱，这部分网民大多集中在二三线城市。但是需要警惕的是，有些网红以及网红产品的人气，实际上是通过夸大的宣传，甚至造假制造出来的。

1　快速读完上面的短文，并根据短文内容选择正确答案。

（1）根据《白皮书》，中国目前的网红人数超过________。

A. 100 万　　B. 200 万　　C. 300 万

（2）据了解，国内网红的平均月收入已超________元。

A. 4 万　　B. 3 万　　C. 2 万

（3）文中提到的网红的一大赚钱方式是________。

A. 自己开网店卖产品

B. 为大公司做模特

C. 让网友送礼物

（4）根据《白皮书》，________的网民为网红花过钱，这部分网民大多集中在二三线城市。

A. 10%　　B. 20%　　C. 30%

2　再读一遍短文，根据短文内容填空。

（1）网红经济的本质是一种________经济、________经济，是注意力资源与实体经济的结合。

（2）早期网红又________“淘女郎”，因为每个网红的背后，几乎都有一家________很大的淘宝店。

（3）不论是时尚、健身、美食还是旅行，网红传播的是他们的____________，也迎合了现在“80后”“90后”对________的追求、对______的追求。

（4）但需要警惕的是，有些网红以及网红产品的________，实际上是通过夸大的宣传，甚至造假________出来的。

3 根据短文内容，用括号内的词语或格式回答问题。

（1）网红经济的本质是什么？（……与……的结合）

（2）网红淘宝店主都是如何赚钱的？（“真人秀” 社交平台 凭借 将……引向……）

（3）网红店的产生反映了“80后”“90后”的什么特点？（对……的追求）

四、表达活动

3～5人一组，交流一下各自对网红现象的看法。

（1）先把你的看法写在一张纸上，你可以选用下面括号里的词语。

（人气 本质 粉丝 眼球 凭借 迎合 生活方式 向往）

（2）在小组里互相交流对网红和网红经济的看法。

（3）每一组派一个代表向全班汇报小组的交流情况。

五、拓展练习

听力 03-3

关键词语

1	油腻	yóunì	A	greasy
2	点燃	diǎnrán	V	to kindle
3	支撑	zhīchēng	V	to support
4	衰亡	shuāiwáng	V	to decline and fall

1 听第一遍录音，选择正确答案。

（1）汪女士排队是给________买网红食品。

A. 孩子　　B. 自己　　C. 朋友

（2）汪女士买的网红食品味道怎么样？

A. 一般　　B. 很好吃　　C. 很差

（3）很多网红食品只注重________，红不了多久。

A. 产品的制作　　B. 产品的宣传　　C. 产品的研究

2 听第二遍录音，填空。

（1）一些网红店门前那些________的顾客，________是花钱请来的。

（2）________炒作出来的东西，都不会________。

（3）想要持续红________，还要靠品牌支撑，否则炒作速度越快，衰亡得也越快，是________多久的。

3 听第三遍录音，回答问题。

（1）汪女士为什么要排两个多小时的队？

（2）很多网红店把大量的精力放到了什么方面？

（3）什么样的商品才能长久？

阅读

关键词语

1	整容	zhěng róng	VO	face-lift
2	推销	tuīxiāo	V	to promote sales
3	扭曲	niǔqū	V	to distort
4	学识	xuéshí	N	knowledge
5	人格	réngé	N	personality, character
6	歧途	qítú	N	wrong road

大众眼中的网红

你觉得网红是一些什么样的人？你想成为网红吗？近日，《东方城市报》进行了一项有关网红的调查。在接受调查的2000多人中，79.9%的受访者认为，网红就是一些为了出名而不惜整容和炒作、快速消费自己的年轻人；40.5%的受访者觉得网红就是推销产品的淘宝卖家；仅 16.9% 的受访者觉得网红是优秀者的代表。调查显示，70.4% 的受访者明确表示，不希望自己成为这种网红。

在很多人看来，现在的很多网红，懂得利用互联网获取利益，虽然是聪明人，但最终表现出来的却是扭曲的价值观。

有 10.5% 的人表示，如果有机会，愿意成为网红，但希望自己是因学识而走红，靠人格而走红，通过工作表现而走红。另外，有突出特长、生活态度从容和有很好的时尚品位，也被认为是走红的积极的理由。

56.1% 的受访者认为，对还在成长中的青少年群体来说，目前的网红现象会对他们造成负面影响，尤其是在偶像选择上，网红乱象会导致他们误入歧途。

1 快速读完上面的短文，并根据短文内容选择正确答案。

（1）在本次调查中，________左右的受访者认为网红就是为了卖东西。

A. 80%　　B. 40%　　C. 17%

（2）在本次调查中，大约________的受访者认为网红是优秀者的代表。

A. 80%　　B. 40%　　C. 17%

（3）关于是否愿意成为“网红”，大约________的受调查者明确表示不愿意。

A. 70%　　B. 11%　　C. 19%

2 再读一遍短文，根据短文内容填空。

（1）现在的很多网红，懂得利用互联网________利益，虽然是聪明人，但最终表现出来的却是扭曲的________。

（2）希望自己是________学识________走红，________人格________走红，________工作表现________走红。

（3）56.1% 的受访者认为，对还在成长中的________群体来说，目前的网红现象会对他们造成________影响。

语言实践

参照上面短文中的调查内容，对身边的人做一个小调查，看看他们对网红的态度，以及他们想成为什么样的网红。

六、聚宝盆（写下这一课新学会的词语和句子）

第四课 共享经济

一、热身

1. 你觉得什么是共享经济？
2. 你在中国看到过哪些共享产品？你使用过哪些共享产品？
3. 你对共享经济怎么看？

二、听力

听力 A 04-1

关键词语

1	共享	gòngxiǎng	V	to share
2	嘲笑	cháoxiào	V	to laugh at
3	媒体	méitǐ	N	media
4	创业	chuàngyè	V	to start up a business
5	司空见惯	sīkōng-jiànguàn		commonly seen

1 听第一遍录音，判断正误。

（1）（　　）20 多年前，共享经济在中国就深受人们欢迎。

（2）（　　）只有吃穿方面涉及共享经济。

（3）（　　）移动支付一般只能用在支付比较大的金额时。

2 听第二遍录音，填空。

（1）________吃穿________出行，从媒体到教育，________做什么的都会谈到共享经济。

（2）中国消费者在买单时拿着手机扫描二维码早已司空见惯，________支付的钱可能只有一两块。

（3）移动支付的普及，是________各种共享经济平台迅速发展的重要________。

3 听第三遍录音，回答问题。

（1）哪些行业会谈到共享经济？

（2）共享经济在中国比较发达的原因是什么？

听力 B 04-2

关键词语

1	便利	biànlì	A	convenient
2	扫码	sǎo mǎ		to scan a QR code
3	利用率	lìyònglǜ		use ratio
4	毕竟	bìjìng	Adv	after all
5	意想不到	yìxiǎng-búdào		unexpected
6	保障	bǎozhàng	V&N	(to) guarantee; guarantee

1 听第一遍录音，判断正误。

（1）（　　）共享经济目前来看没什么问题。

（2）（　　）雨伞也可以共享。

（3）（　　）人们可以在美食共享平台点各个地方的菜。

（4）（　　）虽然共享单车带来了方便，但也影响了交通。

2 听第二遍录音，填空。

（1）共享经济的最大好处，________是它给我们的生活带来了许多________。

（2）比如共享汽车，就________提高了家庭私人小轿车的________。

（3）但共享经济________是一种新的经济模式，在发展中，也给我们带来了一些____________的问题。

3 听第三遍录音，回答问题。

（1）共享经济有什么好处？

（2）目前的共享经济存在哪些问题？

三、阅读

阅读 A

关键词语

1	顶峰	dǐngfēng	N	summit
2	兴盛	xīngshèng	A	thriving
3	兴起	xīngqǐ	V	to rise, to spring up
4	迫切	pòqiè	A	urgent
5	一举两得	yìjǔ-liǎngdé		to kill two birds with one stone

人们又开始骑自行车了

中国曾经被称为“自行车王国”。二十世纪八九十年代，自行车在城市交通中发挥着重要作用。1993 年，中国城市自行车保有量达到顶峰，平均每百户家庭拥有自行车 197 辆。此后，随着经济的发展，人们纷纷购买私人轿车，骑自行车的人逐渐减少了。

但是人们对自行车的需求并没有消失。毕竟，骑自行车有许多好处，比如方便、环保、有利健康等等。随着共享经济和互联网在中国的兴盛，2015 年互联网共享单车概念在中国北京高校中兴起，随后共享单车模式冲出校园，在高校门口、地铁站、公园等公共场所我们都能看到一排排的“小黄车”“小红车”“小蓝车”，这些单车极大地方便了人们的出行。

最近几年，人们逐渐认识到绿色出行的重要性与迫切性。共享单车因为符合环保的理念，也更加受到人们的欢迎。

另外，骑行不失为一种健康的生活方式。如果住得离单位不远，骑车上下班又方便又可以锻炼身体，一举两得。周末，一家人骑车出行，一边骑行一边欣赏风景，也是一种很好的休闲方式。

有了共享单车，骑自行车的人又渐渐多起来了。共享单车还带来一个意想不到的好处：再也不用修自行车了。

1 快速读完上面的短文，并根据短文内容选择正确答案。

（1）1993 年，中国城市每百户家庭平均拥有自行车________。

A. 100 辆　　B. 197 辆　　C. 50 辆

（2）中国曾经有“________”的称号。

A. 自行车王国　　B. 共享单车王国　　C. 汽车王国

（3）________互联网共享单车概念在北京高校中兴起。

A. 2013 年　　B. 2014 年　　C. 2015 年

（4）本文认为，骑自行车________。

A. 过时了　　B. 有很多好处　　C. 不安全

2 再读一遍短文，根据短文内容填空。

（1）中国________被称为“自行车王国”。

（2）但是人们对自行车的需求________消失，骑自行车有很多好处。

（3）一家人骑车出行，________骑行________欣赏风景，也是一种很好的休闲方式。

3 根据短文内容，用括号内的词语或格式回答问题。

（1）中国为什么有“自行车王国”之称？（发挥　拥有）

（2）骑自行车有哪些好处？（比如　绿色出行　一举两得）

（3）除了方便，共享单车还带来一个什么意想不到的好处？（再也……了）

阅读B

关键词语

1	救急	jiù jí	VO	to help meet an urgent need
2	焦虑	jiāolù	A	anxious, worried
3	手艺	shǒuyì	N	handicraft, skill
4	大厨	dàchú	N	chef
5	发挥	fāhuī	V	to give play to

各种各样的共享事物

提到共享经济，人们首先想到的往往是单车、Uber或是Airbnb，其实还有很多共享的新事物已经悄悄出现在我们的生活中。据不完全统计，目前至少有10多种共享生活方式，这里给大家介绍其中的几个。

共享雨伞

共享雨伞是指在地铁站点、商业区、居民区、校园、酒店等地提供雨伞的共享服务。如果突降大雨，用户可以在设备上用手机扫码租借一把雨伞来救急，用完再及时归还到这种设备上，租借费自动扣除，自始至终不需要人工管理。

共享KTV

一些商城推出了共享KTV。这种共享KTV比一般的KTV贵一些，单首歌10元，15分钟30元，30分钟50元，60分钟80元。爱唱歌的朋友们哪天逛累了，可以去这种共享KTV自娱自乐一番。

共享充电宝

我们在饭店或其他公共场所，经常会看到这种充电宝。通常是租借1小时免费，1小时之后，每小时收费1元，一天的收费上限为10元，押金100元。现代人对手机严重依赖，一旦手机电量不足就非常焦虑。这款共享产品解决了大家的问题。

共享美食

通过美食共享平台，手艺好的大厨们可以充分发挥自己的特长，为更多的人提供高品质的美食。不同的餐厅有不同的特色，不同的厨师有不同的特长。而美食共享平台可以为你同时提供许多不同的选择，充分满足你的需求。

1 快速读完上面的短文，并根据短文内容选择正确答案。

（1）据不完全统计，目前至少有________共享生活方式。

A. 10 多种　　B. 20 多种　　C. 3 种

（2）关于共享雨伞，下面哪个是对的？

A. 用手机扫码租借一把雨伞来救急

B. 用完的雨伞可以还给地铁站

C. 有专门的人来看守共享雨伞

（2）共享 KTV 的价格和一般 KTV 的价格相比，怎么样？

A. 共享 KTV 贵　　B. 共享 KTV 便宜　　C. 两者差不多

（4）共享充电宝通常可以免费用多久？

A. 十分钟　　B. 半小时　　C. 一小时

2 再读一遍短文，根据短文内容填空。

（1）提到共享经济，人们________想到的往往是单车、Uber 或是 Airbnb。

（2）据________________，目前至少有 10 多种共享生活方式。

（3）手艺好的大厨们可以充分________自己的________，为更多的人提供高品质的美食。

3 根据短文内容，用括号内的词语或格式回答问题。

（1）提到共享经济，人们常常想到什么？（首先）

（2）什么是美食共享平台？（提供）

四、表达活动

1. 3～5 人一组，交流一下对共享经济的看法，谈谈各自使用过的共享产品及体验。

（1）先把你的看法写在一张纸上，你可以选用下面括号里的词语。

（兴盛　快速　扫码　便利　发挥　提供）

（2）口头交流各自的看法。

2. 根据你的生活经验，说说你觉得还可以开发什么新的共享类产品。

五、拓展练习

听力 04-3

关键词语

1	津津乐道	jīnjīn-lèdào		to take delight in talking about (somebody/something)
2	提倡	tíchàng	V	to advocate
3	推广	tuīguǎng	V	to popularize
4	梯子	tīzi	N	ladder
5	钉子	dīngzi	N	nail
6	实惠	shíhuì	A	affordable
7	和谐	héxié	A	harmonious

1 听第一遍录音，选择正确答案。

（1）本文中的共享工具箱是放在________里，让大家用的。

A. 小区　　B. 学校　　C. 医院

（2）每家每户都有很多________的工具。

A. 不太常用　　B. 经常用　　C. 从来不用

（3）共享工具箱里的工具是________的。

A. 邻居送的　　B. 政府送的　　C. 公司送的

（4）共享工具箱可以增加________之间的友情。

A. 同事　　B. 同学　　C. 邻居

2 听第二遍录音，填空。

（1）比如说，________________的共享工具箱就值得全国推广。

（2）每家每户都有不少________很低的工具，浪费钱不说，还占地方。

（3）如果全国所有社区都能推广这一做法，________节省的资源可能就不是小数目了，而且还能促进小区________，加深邻里________。

3 听第三遍录音，用括号内的词语或格式回答问题。

（1）为什么每家每户都有一些利用率很低的工具？你觉得这些东西放在家里有什么问题？（浪费　占地方）

（2）小区的共享工具是怎么来的？（主动　贡献）

阅读

关键词语

1	注册	zhùcè	V	to register
2	登录	dēnglù	V	to log in
3	一流	yīliú	A	top-ranking
4	多样化	duōyànghuà		diversified
5	受众	shòuzhòng	N	audience
6	突破	tūpò	V	to surpass, to top
7	局限	júxiàn	N	limitation

慕 课

“慕课”，是MOOC的音译。第一个字母“M”代表Massive（大规模），传统课堂的学生数量一般在几十人到几百人之间，而一门慕课的学习者数量可以达到上万人，甚至十几万人；第二个字母“O”代表Open（开放），慕课对所有人开放，只需一个邮箱，就可以注册参与；第三个字母“O”代表Online（在线），慕课学习时间自由灵活，无论你身在何处，只需要一台电脑和网络连接，登录课程就可以学习；第四个字母“C”代表Course，就是课程的意思。

简单来讲，慕课就是大规模的网络开放课程。它体现了一种共享的理念，就是将知识分享给每一个需要的人。无论你是什么国籍、什么学历或是什么身份，只要你对课程感兴趣，都可以来学习。很多没有机会到一流大学去听课的社会人士，获得了享受优质教育资源的机会。而那些具有超强学习欲望的在校学生们也有了多样化的课程选择。慕课让知识的传播拥有了更多的受众，获得了更大的社会价值。

近年来，慕课在中国也受到了极大关注。截至今年 4 月，中国上线慕课数量已经达到 12500 门，学习人数突破 2 亿人次，其中近一半是社会学习者。中国的慕课总量、参与开课学校数量，以及学习人数都达到了世界领先水平。

当然，慕课也有其局限性。与传统教学模式相比，慕课的教学方式使得学生和老师之间缺少直接交流，学生有问题很难及时消化解决，这直接影响了学生对课程的接受程度。不少人因为好奇而注册慕课，但仅仅依靠好奇，并不能支撑其完成课程的学习。另外，慕课没有学分、结业证等方面的认定，也使得不少学生失去了学习动力，能坚持学完整个课程的还只是少数人。

1　快速读完上面的短文，并根据短文内容选择正确答案。

（1）慕课的英文 MOOC 中的“M”代表________。

A. 人数众多　　B. 时间自由灵活　　C. 有学历要求

（2）截至今年 4 月，中国慕课的学习人数突破________人次。

A. 2 亿　　B. 12500　　C. 1000 万

（3）目前，在中国的慕课学习者中，有________是社会学习者。

A. 30% 左右　　B. 50% 左右　　C. 70% 左右

2　再读一遍短文，根据短文内容填空。

（1）____________，慕课就是大规模的网络开放课程。

（2）它体现了一种________的理念，就是将知识分享给每一个需要的人。________你是什么国籍、什么学历________什么身份，________你对课程感兴趣，都可以来学习。

（3）慕课让知识的传播________了更多的受众，________了更大的社会价值。

（4）不少人________好奇________注册慕课，但________依靠好奇，并不能支撑其完成课程的学习。

3 根据短文内容，用括号内的词语或格式回答问题。

（1）什么是慕课？（代表 简单来讲）

（2）慕课在中国的情况怎么样？（关注 领先水平）

（3）为什么说能坚持学完整个慕课课程的还只是少数人？（缺少 及时消化 认定）

语言实践

在你所在的校园内或周边社区做个小调查，看看不同年龄段的人都使用什么共享产品，以及他们对该产品的使用心得。

六、聚宝盆（写下这一课新学会的词语和句子）

第五课 变化的消费观

一、热身

1. 你们觉得中国人的消费观是怎样的？你觉得近些年中国人的消费观有变化吗？
2. 你们国家的日常消费观念是怎样的？

二、听力

听力 A 05-1

关键词语

1	偏爱	piān'ài	V	to prefer
2	亚太地区	Yà-Tài dìqū		Asian-Pacific Region
3	前列	qiánliè	N	forefront
4	率先	shuàixiān	Adv	to be the first (to do something)
5	鲜明	xiānmíng	A	distinct
6	通信	tōngxìn	V	communication

1 听第一遍录音，判断正误。

(1)(　　)马来西亚消费者比印尼消费者更爱使用高新科技产品。

(2)(　　)购买新的科技产品时，有将近四分之一的菲律宾消费者有可能上网购买。

(3)(　　)智能手机是中国网购族最普遍拥有的科技产品。

2 听第二遍录音，填空。

（1）据调查，在使用高科技产品方面，中国消费者在亚太地区走在了__________。

（2）中国率先使用________________产品的消费者比例最高，59% 的人表示只要此类产品________上市就会立刻________。

（3）________________是中国网购族最________拥有的科技产品。

3 听第三遍录音，回答问题。

（1）中国消费者哪方面的消费在亚太地区走在了前列？

（2）中国网购族最普遍拥有的科技产品是什么？

（3）3C 产品是指什么？

听力 B　05-2

关键词语

1	丰厚	fēnghòu	A	abundant
2	利润	lìrùn	N	profit
3	日益	rìyì	Adv	day by day
4	席卷	xíjuǎn	V	to sweep over/across
5	商机	shāngjī	N	business opportunity

1 听第一遍录音，判断正误。

（1）（　　）喜欢运动的中国消费者越来越多了。

（2）（　　）2015 年起，奢侈品开始在中国中产阶层中流行。

（3）（　　）许多人现在开始购买各类运动休闲装。

2 听第二遍录音，填空。

（1）近年来，越来越多的中国消费者开始追求“________________风”。

（2）近年来，奢侈品对于________壮大的中国中产阶层已经不那么有__________了。

（3）他们的消费偏好________从一味追求高档品牌________为追求积极健康的生活方式。

（4）注重健康生活方式的“运动休闲风”________席卷美国，________它正影响着中国。

3 听第三遍录音，回答问题。

（1）目前中国的消费者开始追求什么样的生活？

（2）为什么奢侈品对中国的中产阶层已经不那么有吸引力了？

三、阅读

阅读 A

关键词语

1	气派	qìpài	A	grand
2	普及	pǔjí	V	to popularize
3	下功夫	xià gōngfu		to put in time and energy
4	发动机	fādòngjī	N	engine
5	透露	tòulù	V	to reveal, to disclose

“外形很重要”

近年来，马路上的SUV越来越多了，这种汽车外形高大、气派，有运动感，很符合年轻消费者的心理，因而成为“90后”的购车首选。当然，SUV内部空间大、宽敞舒适也是一个原因。

20世纪90年代，在中国大多数人还买不起车的情况下，人们对汽车外观并不特别重视，而如今随着汽车逐渐普及，人们越来越看重外观风格。相比汽车的实用性，一些年轻人更加重视外观的时尚性。

于是为了吸引年轻消费者，汽车厂商花大价钱在新车外形设计上下功夫。中国汽车厂商正以更低的价格推出外观时尚、质量优良的汽车。

一家汽车公司的技术经理说：“如果汽车外形不好看，发动机再好也卖不出去。”他透露，外形设计在汽车研发中的投入至少占到一半，任何领域中与流行相关的元素，都会在汽车外观设计时得到考虑。买车跟谈恋爱一样，外形很重要。外形要先吸引人，才会让人产生深入了解的愿望。

1 快速读完上面的短文，并根据短文内容选择正确答案。

（1）20 世纪________，在中国还不是多数人都能买得起车。

A. 70 年代　　B. 80 年代　　C. 90 年代

（2）一些年轻人买车时首先关注的是________。

A. 外观　　B. 质量　　C. 价格

（3）一家汽车公司的技术经理说，外形设计在汽车研发中的投入占________。

A. 二分之一　　B. 三分之一　　C. 四分之一

2 再读一遍短文，根据短文内容填空。

（1）当然，SUV 内部________大、________________也是一个原因。

（2）相比汽车的________，一些年轻人更加重视外观的________。

（3）为了吸引年轻消费者，汽车厂商花大价钱在新车外形设计上________。

3 根据短文内容，用括号内的词语或格式回答问题。

（1）针对年轻人的消费偏好，目前的汽车厂商有什么样的措施？（在……上下功夫）

（2）从 20 世纪 90 年代到现在，中国人对汽车的看法发生了怎样的变化？（外观）

阅读 B

关键词语

1	光临	guānglín	V	to visit
2	占据	zhànjù	V	to occupy, to make up
3	主力	zhǔlì	N	main force
4	潜在	qiánzài	A	potential

5	群体	qúntǐ	N	group
6	精打细算	jīngdǎ-xìsuàn		to scrimp
7	电子商务	diànzǐ shāngwù		e-commerce

中国网购快速发展

尽管和其他国家相比，中国网购的历史并不长，但发展迅速，目前中国的网购规模已经占据全球网购销售额的 50%，并且这个比例在不断上升。2015 年，中国在线零售额为 5816.1 亿美元，预计 2020 年之前，将以每年 22% 的速度不断增长。

我周围有很多同事都是网购迷，几乎天天光临淘宝、京东等购物网站。城市青年无疑是网购主力，不过，农村消费者已经形成巨大的网购潜在群体。很多购物网站正在增加农村地区的物流设施，以便扩大物流运送的能力。

中国网上购物方式的快速发展，一方面说明中国消费者的收入增加了，另一方面也反映出中国网络文化的普及。而且，网购相对比较便宜，也符合中国人精打细算的生活方式。因此，电子商务目前已是中国市场一个高速增长的领域。

本文改编自《环球时报》2016-07-18《美媒：中国网购瘾越来越大　占全球网购销售额近一半》，作者萨拉·徐［音］，传文译

1 快速读完上面的短文，并根据短文内容选择正确答案。

（1）“我”有很多同事都是________。

A. 游戏迷　　B. 网购迷　　C. 电脑迷

（2）和其他国家相比，中国网购的历史________。

A. 非常长　　B. 比较长　　C. 并不长

（3）本文认为，农村的消费者________网购的重要群体。

A. 已经成为　　B. 即将成为　　C. 不可能成为

2 再读一遍短文，根据短文内容填空。

（1）中国网购的历史并不长，但发展迅速，目前中国的网购________已经________全球网购销售额的 50%。

（2）城市青年________是网购主力，不过，农村消费者已经形成巨大的网购________群体。

（3）很多购物网站正在增加农村地区的物流________，________扩大物流运送的能力。

（4）网购相对比较便宜，也符合中国人____________的生活方式。

3 根据短文内容，用括号内的词语或格式回答问题。

（1）中国人的网购能力怎么样？（发展　规模）

（2）为了满足农村消费者的需求，目前很多购物网站正在做出哪些努力？（增加　扩大）

四、表达活动

3～5人一组，交流一下各自消费时最关注什么方面，自己和父母之间的消费观有什么不同。

（1）先把你的看法写在一张纸上，你可以选用下面括号里的词语。

（实用　外观　科技　时尚　质量　价格　看重）

（2）在小组里口头交流各自的看法。

（3）每个小组派一个代表向全班汇报小组的交流情况。

五、拓展练习

听力 05-3

关键词语

1	景气	jǐngqì	A	prosperous
2	形势	xíngshì	N	situation
3	推测	tuīcè	V	to speculate

4	出境	chū jìng	VO	to leave the country
5	自治区	zìzhìqū	N	autonomous region
6	业界	yèjiè	N	industry, trade
7	输出	shūchū	V	to export

1 听第一遍录音，选择正确答案。

（1）在全球经济不景气的背景下，________市场形势大好。

A. 旅游　　B. 网络　　C. 物流

（2）据报告，________主导了全球旅游市场的增长趋势。

A. 北美地区　　B. 欧洲地区　　C. 亚太地区

（3）调查显示，在亚洲地区，当人均年收入达到________美元以上，人们就会有兴趣去海外旅行。

A. 6000　　B. 7000　　C. 8000

2 听第二遍录音，填空。

（1）2005 年中国出境游客________3000 万人次，2010 年________5700 万人次，2015 年增加到了 1.2 亿人次。

（2）2015 年，中国满足这一条件的地区有北京、上海和天津等 13 个________、________、________。

（3）也许，今后中国最大的输出项目不再是“________________”，而是________________。

3 听第三遍录音，回答问题。

（1）经济基础怎样才能出国旅游？

（2）旅游业界对中国未来旅游市场的发展有怎样的看法？

阅读

关键词语

1	理念	lǐniàn	N	idea
2	盲目	mángmù	A	blind
3	品牌	pǐnpái	N	brand
4	认知度	rènzhīdù		(brand) recognition
5	另辟蹊径	lìngpì-xījìng		to open or find a new path

消费观新变化

最近几年，中国人的消费观有了新变化。

第一个变化是文化教育类消费的增长。据专家介绍，从消费结构看，文化、健康、教育发展等方面的人均支出逐年增加，带来了消费的升级，日常生活消费占比则逐年下降。

第二个变化是绿色消费更加流行。提倡节约，反对浪费，逐渐成为大众消费理念。如餐馆可以半份销售、提倡“光盘行动”等，人们习惯了“剩余打包”。

第三个变化是不再盲目追求国际品牌，消费者对国产品牌的认知度有了明显提高。冰箱、彩电、扫地机器人等家电类产品，如今销售前几名的都是中国品牌。

第四个变化是个性化消费渐成时尚。人们当初追求阿迪达斯、耐克或许是为了显示个性，但当他们发觉自己的个性已经成为共性，就一定有人另辟蹊径。近年来，个性写真、个性挂历的出现就是例子，专卖店定做衣服的生意也越来越好。

1 快速读完上面的短文，并根据短文内容选择正确答案。

（1）下面哪个不是中国人新的消费观的体现？

A. 定做衣服

B. 提倡“光盘行动”

C. 日常生活消费增多

（2）"绿色消费"中"绿色"是指什么？

A. 提倡节约　　B. 保护环境　　C. 植树造林

（3）如今在中国销售前几名的家用电器都是________品牌。

A. 法国　　B. 中国　　C. 美国

（4）去专卖店定做衣服反映了人们________的消费观。

A. 追求个性　　B. 追求品牌　　C. 提倡节约

2 再读一遍短文，根据短文内容填空。

（1）从消费结构看，文化、健康、教育发展等方面的________支出________增加，带来了消费的________。

（2）消费者不再________追求国际品牌，对国产品牌的________有了明显提高。

（3）当他们发觉自己的个性已经成为________，就一定有人________________。

3 根据短文内容，用括号内的词语或格式回答问题。

（1）绿色消费主要体现在哪些方面？（提倡　反对　习惯）

（2）目前，中国人对国产品牌是什么态度？（盲目　认知度　提高）

（3）当人们发觉自己的个性已经成为共性时，他们会怎么做？（另辟蹊径）

语言实践

在周围的中国人中做个调查，问问近几年来他们的消费习惯和消费观念有什么变化，并询问他们是否认同上面短文中所提到的新的消费观念。

六、聚宝盆（写下这一课新学会的词语和句子）

第六课 “双十一”来了

一、热身

1. 你知道中国的“双十一”吗?
2. 在你们国家有没有类似的网络购物狂欢节?
3. 你如何看待“双十一”购物狂欢现象?

二、听力

听力 A 06-1

关键词语

1	阿拉伯数字	Ālābó shùzì		Arabic numeral(s)
2	光棍儿	guānggùnr	N	single man or woman
3	另类	lìnglèi	A	different, alternative
4	诞生	dànshēng	V	to be born
5	蔓延	mànyán	V	to spread

1 听第一遍录音，判断正误。

(1) (　　)“光棍儿”在汉语里的意思是没结婚的人。

(2) (　　) 据说“光棍儿节”最早诞生于上海。

(3) (　　) 2009 年以后，“光棍儿节”渐渐变成了购物节。

2 听第二遍录音，填空。

(1) 2009 以前的 11 月 11 日是用来庆祝单身生活的________节日。

（2）“光棍儿”在中文里有________的意思，所以“光棍儿节”成了________的另类节日。

（3）“光棍儿节”最早诞生于二十世纪九十________初南京的大学________。

（4）自 2009 年淘宝________“光棍儿节”举办大型网络促销活动以后，这一原本单身者的节日渐渐转变成了________。

3 听第三遍录音，回答问题。

（1）为什么以前的“双十一”被称为“光棍儿节”？

（2）当时的年轻人怎么过“光棍儿节”的？

（3）“光棍儿节”是怎么变成购物节的？

听力 B 06-2

关键词语

1	银发族	yínfàzú		the aged
2	相较于	xiāng jiào yú		to compare with
3	下单	xià dān	VO	to place an order
4	宁愿	nìngyuàn	Adv	would rather
5	家长里短	jiācháng-lǐduǎn		small household affairs

1 听第一遍录音，判断正误。

（1）（　　）参与网购的老年人比三年前多了。

（2）（　　）老年人网购只看重价钱。

（3）（　　）不管是便宜的还是贵的商品，老人们都愿意在网上购买。

（4）（　　）如何在网上挑选商品成为老年人之间交流分享的话题。

2 听第二遍录音，填空。

（1）在网购中，老年群体____________的是商品价格、商品品质、送货方式。

（2）从老年用户对商品的评价可以看出，快递的方便对他们尤其具有____________。

（3）相较于年轻人的网购习惯，老年人在网购的时候更____________。

3 听第三遍录音，回答问题。

（1）和年轻人相比，老年人网购的特点是什么？

（2）买大件商品时，老年人为什么更愿意去实体店？

三、阅读

阅读 A

关键词语

1	不愧	búkuì	Adv	to deserve to be called
2	保守	bǎoshǒu	A	conservative
3	即	jí		to be; aka
4	跨境	kuà jìng		cross-border
5	高昂	gāo'áng	A	(of prices) high
6	不等	bùděng	A	different, varied

各国网购族

中国网购规模巨大，那中国网民是不是最爱网购的人群呢？答案竟然并不是。最爱网购的，原来是英国的网民们。2016 年，英国人均网购额达到 3456.22 美元。其次是法国网民，人均网购额为 1925 美元，而他们网购最多的商品是服装。看来，法国不愧是追求时尚的国度。

最爱网购的，一定是年轻人吗？德国人给出了不一样的答案。在德国，中老年人才是网购主力！据调查，德国 55 岁以上的老年人占网购族的 34.2%。虽然爱网购，不过保守的德国人却不爱移动支付，只有 7% 的德国人尝试过使用移动支付方式。

哪个国家网购用户比例最高？答案是韩国。在韩国 5062 万人口中，有 3500 万的网购用户，网购用户比例高达 69.1%。在韩国生活必需品市场当中，网购的销售额占比达 16.6%，在全球主要国家和地区中排名第一。这也不奇怪，毕竟 2017 年韩国智能手机用户数量占总人口数量的 72.2%，“国民即网民”是韩国的一大特色。

哪个国家的跨境电子商务最发达？美国。美国的跨境电子商务的接受程度非常高。超过半数的美国电子商户都从国外接受订单。快递费用高昂是美国电商的一大挑战，一般为 5 ～ 30 美元不等。

1 快速读完上面的短文，并根据短文内容选择正确答案。

（1）哪国网民最爱网购？

A. 中国　　B. 英国　　C. 德国

（2）法国网民网购最多的商品是________。

A. 服装　　B. 化妆品　　C. 电子设备

（3）在________，中老年人才是网购主力。

A. 韩国　　B. 英国　　C. 德国

（4）哪个国家网购用户比例最高？答案是________。

A. 韩国　　B. 英国　　C. 德国

2 再读一遍短文，根据短文内容填空。

（1）法国网民________网购额为 1925 美元，而他们网购最多的商品是________。看来，法国不愧是追求________的国度。

（2）“国民________网民”是韩国的________特色。

（3）快递费用高昂是美国电商的________挑战，一般________5 ～ 30 美元________。

3 根据短文内容，用括号内的词语或格式回答问题。

（1）德国人网购有什么特点？（虽然……，却……）

（2）美国电商的一大挑战是什么？（高昂　为　不等）

阅读B

关键词语

1	邮政	yóuzhèng	N	postal service
2	物流	wùliú	N	logistics
3	封套	fēngtào	N	envelope
4	胶带	jiāodài	N	packaging tape
5	老大难	lǎo-dà-nán	A	long-standing, big and difficult (problem)
6	瘦身	shòu shēn	VO	to lose weight
7	循环	xúnhuán	V	to circulate, to move in cycles

让“购物节”成为“环保节”

根据国家邮政局的数据，仅今年“双十一”一天，我国主要电商企业全天共产生快递物流订单13.52亿件。预计11月11日至16日期间，全行业处理的业务量将超过18.7亿件。这些邮件，根据商品种类的不同，会有塑料袋、封套、快递胶带、包装箱以及编织袋五大类包装，由此产生的包装垃圾，简直难以想象。而不少电商或快递员为了安全起见，均选择“宁多勿少”的包装方式，平均每件包裹“穿衣”2～3层，更是加重了垃圾的分量。快递垃圾，这个网购时代的老大难问题今年再次引发关注。

目前，部分企业正在做出积极尝试。今年，一家名为“菜鸟”的物流企业开展了“回箱计划”，在国内200个城市投入5000个绿色回收台，鼓励快递纸箱绿色回收。众多物流企业纷纷回应。作为行业“老大哥”，中国邮政也全面启动了“包装减量”“胶带瘦身”“循环回收”等计划，目前首批13万个绿色标准箱、3.8万个免胶带箱、2.5万卷窄版胶带已投入使用。

像“回箱计划”这样的平台，企业投入不多，但大大提高了消费者的环保意识，对环保意义重大。另外，生产厂家、物流企业要从源头上给包装“瘦身”，尽量做到“绿色”包装。只有广大商家、消费者和物流企业一起行动起来，才能让每一个邮件成为“环保邮件”，让“购物节”同时成为“环保节”。

1 快速读完上面的短文，并根据短文内容选择正确答案。

（1）根据相关数据，今年11月11日一天，我国主要电商企业全天共产生快递物流订单________亿件。

A. 13.52　　B. 18.7　　C. 10

（2）今年，一家名为“菜鸟”的________企业开展了“回箱计划”。

A. 餐饮　　B. 销售　　C. 物流

（3）下面哪个不是中国邮政推出的环保措施？

A. 绿色标准箱　　B. 免胶带箱　　C. 宽版胶带

2 再读一遍短文，根据短文内容填空。

（1）不少电商或快递员为了________起见，均选择“________________”的包装方式，平均每件包裹“穿衣”2～3层。

（2）快递垃圾，这个网购时代的________问题今年再次引发关注。

（3）作为行业“________”，中国邮政也全面启动了“包装减量”“胶带________”“循环________”等计划。

3 根据短文内容，用括号内的词语或格式回答问题。

（1）“双十一”巨大的快递邮件量给环境带来了什么影响？（包装　垃圾　加重）

（2）“回箱计划”具体是指什么？（投入　鼓励）

（3）本文认为，怎样才能让每一个包裹环保起来？（只有……，才……　共同参与）

四、表达活动

3～5人一组，交流一下对快递垃圾的看法，也可以试着提出一些更加环保的措施和建议。

（1）先把你的看法写在一张纸上，你可以选用下面括号里的词语。

（老大难　回收　循环　难以想象　瘦身）

（2）在小组里互相交流各自的环保措施和建议。

（3）每个小组派一个代表向全班汇报小组的交流情况。

五、拓展练习

听力 06-3

关键词语

1	一毛不拔	yìmáo-bùbá		very stingy
2	原住民	yuánzhùmín	N	aborigines
3	减退	jiǎntuì	V	to decrease
4	无人机	wúrénjī		UAV (unmanned aerial vehicle)
5	优惠	yōuhuì	A	preferential
6	覆盖	fùgài	V	to cover
7	联欢	liánhuān	V	to have a get-together

1 听第一遍录音，选择正确答案。

（1）据调查，很多受访者今年"双十一"期间的花费在________。

A. 1000～3000元　B. 3000～5000元　C. 5000元以上

（2）宋先生今年不参加"双十一"活动的主要原因是________。

A. 刚参加工作　B. 不知道玩儿法　C. 没什么激情

（3）下面哪个不是宋先生不买无人机的理由？

A. 价格不够便宜　B. 收货比较慢　C. 质量不好

（4）今年"双十一"，郭女士像往年一样________。

A. 不购物　B. 少买了一点儿　C. 买了许多东西

2 听第二遍录音，填空。

（1）宋先生告诉记者，十年前"双十一"刚刚出现的时候他就参与了，是网购"________"。

（2）郭女士买的理由有两条，第一是确实________，第二是价格________。

（3）很多年轻人，无论男女，已将"双十一"视为"____________"。

（4）虽然________的购物节也在热闹地进行着，但大多数人还是更愿意________刷单。

3 听第三遍录音，回答问题。

（1）为什么说宋先生是网购的“原住民”？

（2）郭女士仍旧像往年一样“大干一场”的理由是什么？

（2）对很多年轻人来说，“双十一”是一个怎样的购物节？

阅读

关键词语

1	冲动	chōngdòng	A	impulsive
2	淡定	dàndìng	A	calm, detached
3	接连不断	jiēlián-búduàn		continuously
4	麻木	mámù	A	numb
5	疲劳	píláo	A	tired

理性消费

以前，不少人趁便宜在“双十一”购物节囤很多东西，之后很长时间都用不完。如今，面对购物节，83.3% 的受访者表示比以前冷静多了。70.5% 的受访者表示，他们会列好购物清单，有计划地消费。大学生张甜说：“许多东西看着便宜就想买来试试，其实根本用不上。有次‘双十一’购物节我没抢到喜欢的衣服，又舍不得放弃折扣，就买了其他款，结果至今也没打开包装。以前冲动购物的次数太多了，所以现在我面对购物节淡定了许多。”

消费的动机是多种多样的，冲动购物时，人们更多的是被价格这个因素所引诱。近几年，面对电商购物节，理性消费正在逐渐成为消费者的共识。一方面，一年到头接连不断的各种购物节已经让人麻木，给许多人造成了一定的消费疲劳；另一方面，“身经百战”的消费者也对商家的促销手段具有了一定的识别能力；

再加上互联网的便利性，消费者可以更加方便地“货比多家”，择优而买。

1 快速读完上面的短文，并根据短文内容选择正确答案。

（1）以前，不少人趁便宜在________囤很多东西，之后很长时间都用不完。

A. 购物节　　B. 春节　　C. 过生日的时候

（2）大约________的受访者表示，他们会列好购物清单，有计划地消费；

A. 70%　　B. 50%　　C. 30%

（3）一年到头接连不断的各种购物节已经让人________，给许多人造成了一定的消费疲劳。

A. 激动　　B. 麻木　　C. 讨厌

（4）如今面对购物节，83.3% 的受访者表示比以前________多了。

A. 冲动　　B. 紧张　　C. 冷静

2 再读一遍短文，根据短文内容填空。

（1）消费的动机是____________的，冲动购物时，人们更多的是被价格这个因素所________。

（2）近几年，面对电商购物节，________消费正在逐渐成为消费者的共识。

（3）“身经百战”的消费者也对商家的促销手段具有了________的识别能力。

3 根据短文内容，用括号内的词语或格式回答问题。

（1）人们为什么会冲动购物？（引诱）

（2）为什么说理性消费正在逐渐成为消费者的共识？（一方面……，另一方面……　疲劳　识别）

语言实践

去周围的年轻人中调查一下他们对理性消费的看法。

六、聚宝盆（写下这一课新学会的词语和句子）

第七课 网络社交

一、热身

1. 你经常使用什么社交软件或网站？
2. 你一天花在社交网络上的时间有多少？
3. 你觉得这些社交网站对你有什么影响？

二、听力

听力 A 07-1

关键词语

1	动漫	dòngmàn	N	cartoon, anime
2	渠道	qúdào	N	channel
3	沉溺	chénnì	V	to indulge (in)
4	上瘾	shàng yǐn	VO	to get addicted to
5	脆弱	cuìruò	A	fragile

1 听第一遍录音，判断正误。

（1）（　　）本次调查针对的是独生子女。

（2）（　　）“00 后”对“陌生人交友”不太接受。

（3）（　　）“00 后”交友的目的之一是为了谈论各自的兴趣爱好。

（4）（　　）年轻一代对网络社交不是很感兴趣。

2 听第二遍录音，填空。

（1）作为独生子女一代，由于社交范围还没有形成，他们对“________________”的接受度最高。

（2）网络社交________________增加了青年群体社交渠道的多样性。

（3）如果一个人需要在网络社交中不断被________，很容易形成脆弱的性格。

3 听第三遍录音，回答问题。

（1）“00后”的社交有什么特点？

（2）如果年轻一代沉溺于网络社交方式，会有什么后果？

听力B 07-2

关键词语

1	潜意识	qiányìshí	N	the subconscious
2	抠	kōu	V	to dig with a finger
3	开朗	kāilǎng	A	cheerful, outgoing
4	直率	zhíshuài	A	frank
5	延伸	yánshēn	V	to extend
6	公认	gōngrèn	V	to be universally accepted, to be generally acknowledged

1 听第一遍录音，判断正误。

（1）（　　）目前中国人主要用微信来交际。

（2）（　　）点赞表示你在关注某个人。

（3）（　　）张丽使用最多的是“抠鼻孔”的表情。

2 听第二遍录音，填空。

（1）________是目前中国人最主要的移动交际平台。

（2）这看起来是很随意的行为，透露出的却是一个人的潜意识，说明他在________、________、默默________某个人。

（3）“我从来没想过自己习惯性发出的________，还会反映出我的________和个性。”

3 听第三遍录音，回答问题。

（1）根据本文，微信可以帮助网友们统计哪些数据？

（2）微信里的点赞反映了人们的什么心理？

（3）根据数据分析，张丽性格怎么样？

三、阅读

阅读 A

关键词语

1	浏览	liúlǎn	V	to browse
2	合得来	hédelái	A	to get along well (with)
3	限于	xiànyú	V	to be limited to
4	坦言	tǎnyán	V	to say frankly
5	属性	shǔxìng	N	attribute, property
6	分割	fēngē	V	to cut up, to divide

游戏与生活

23 岁的黄春在广州一家饭店工作。初中毕业后他就一直在饭店打工，进入黄春的 QQ 空间，几乎每条信息都是关于游戏的分享，并且大部分浏览量不超过 30 次，点赞量也就一两个。这些年，不喜欢主动交友的他，游戏好友甚至比现实中的好友还多。“打游戏遇到厉害的、合得来的，就会加好友。”他还表示，游戏好友一般只在游戏上有交流。

在黄春的家乡，许多如他这般年纪的男生都已成婚生子，但他至今未谈过恋爱。初中毕业后，他几乎很少认识女生，也从未想过谈恋爱的问题。

现实生活中，像黄春这样沉迷于游戏社交的年轻人，不仅限于打工群体。大学生小吴坦言更喜欢游戏社交，在游戏中遇到合得来的，他一般都会加对方QQ，没事时便会和他们聊游戏，有时也聊一些近期发生的有趣的事情。现实中除了三两好友，他一般不主动找人聊天儿，“现实中找好友，太麻烦”。

据业内人士观察，以往不同的游戏之间话题不同，导致游戏社交只能出现在单款游戏内，几乎很难成为全民性的社交话题。但随着游戏行业越来越集中，某几个人气很高的游戏用户量越来越大，游戏的社交属性也越来越突出。移动互联网时代，游戏已经成为一些年轻用户的生活方式。对于从小接触游戏的“90后”和“00后”来说，游戏与生活越来越难以分割。

1 快速读完上面的短文，并根据短文内容选择正确答案。

（1）黄春在哪里工作？

A. 饭店　　B. 书店　　C. 网吧

（2）关于黄春的情况，下面哪一项是错误的？

A. 他不喜欢主动交朋友

B. 游戏好友比现实中的好友多

C. 已经结婚生子了

（3）关于大学生小吴，下面哪一项是错误的？

A. 喜欢主动跟人打交道

B. 有很多游戏好友

C. 聊天儿内容不限于游戏

（4）移动互联网时代，________已经成为一些年轻用户的生活方式。

A. 游戏　　B. 电影　　C. 音乐

2 再读一遍短文，根据短文内容填空。

（1）“打游戏遇到厉害的、________的，就会加好友。”

（2）现实生活中，像黄春这样________游戏社交的年轻人，不仅限于打工群体。

（3）随着游戏行业越来越集中，某几个________很高的游戏用户量越来越大，游戏的社交________也越来越突出。

3 根据短文内容，用括号内的词语或格式回答问题。

（1）黄春和小吴有什么共同的特点？（沉迷于　游戏社交　合得来）

（2）为什么目前游戏社交越来越红火？（集中　突出）

阅读B

关键词语

1	指数	zhǐshù	N	index
2	隐性	yǐnxìng	A	invisible, covert
3	嫉妒	jídù	V	to be jealous of
4	负面	fùmiàn	A	negative

“晒幸福”

关于社交网络与幸福指数的关系，密歇根大学此前做了一项实验：他们找来两组学生，A组每天花较长时间看朋友圈，而B组基本不看，结果发现和B组相比，A组对自己生活的满意度较低。这是因为朋友圈会使人进行各种各样的“隐性比较”，在潜意识中进入到一个怪圈中，不断地将自己的生活和朋友做对比。

在一份有关Facebook的用户调查报告中，研究者指出，社交网络引发的嫉妒心理无处不在，这会降低用户的生活满意度。三分之一的人在浏览Facebook后感觉心情变糟，对生活不满；而那些只是浏览却没有上传任何信息的人，受到的负面影响最深。

朋友圈的本质就是“晒”，它是一种新型信息传递方式，通过“晒”让身边的朋友知道我们的最新动态。涉及隐私的事情大家不会晒，涉及悲伤痛苦之事人们不想晒，毫无意义的事大家也不会晒，这就使朋友圈中晒出来的大多是幸福、美好的东西。“晒”者可能并非故意，但看的人呢？看到别人发旅游风景、看演唱会的照片，你会想：

为什么别人过得这么精彩我却这么普通？

为什么别人可以经常去旅游而我却每天都在加班？

为什么他可以去那么好的公司，我却不行？

为什么他经常去听演唱会，难道他不用上班吗？

可是你看不到对方朋友圈背后的生活，他可能已经几年没旅行，已经单身很久，刚刚被老板炒了鱿鱼，等等，这背后的一切你是看不到的，人家也不愿意跟你分享。

1 快速读完上面的短文，并根据短文内容选择正确答案。

（1）密歇根大学所做的调查是关于________的关系的。

A. 社交网络与幸福指数

B. 社交网络与身体状况

C. 社交网站与经济水平

（2）据研究，每天花很长时间________的人，对自己生活的满意度较低。

A. 做运动　　B. 看书　　C. 看朋友圈

（3）朋友圈“晒”的大多数是________。

A. 悲伤痛苦的事　　B. 毫无意义的事　　C. 美好的事

（4）研究者指出，社交网络引发的________心理无处不在。

A. 快乐　　B. 嫉妒　　C. 仇恨

2 再读一遍短文，根据短文内容填空。

（1）朋友圈会使人进行各种各样的“________比较”，在潜意识中进入到一个怪圈中，不断地将自己的生活和朋友做________。

（2）朋友圈的本质就是“________”，它是一种新型信息传递方式，通过“晒”让身边的朋友知道我们的最新________。

（3）你看不到对方朋友圈________的生活，他可能已经几年没旅行，已经单身很久，刚刚被老板炒了鱿鱼，等等，这背后的一切你是看不到的，人家也不愿意跟你________。

3 根据短文内容，用括号内的词语或格式回答问题。

（1）在实验中，为什么看朋友圈时间较长的小组，对自己生活的满意度较低？（潜意识　隐形）

（2）朋友圈的本质是什么？（动态　晒）

四、表达活动

3～5人一组，交流一下上文中谈到的朋友圈带来的“隐性比较”的现象。

（1）先把你的看法写在一张纸上，你可以选用下面括号里的词语。

（晒　社交　潜意识　嫉妒　反感　负面影响　隐私　分享）

（2）在小组里互相交流各自的看法。

（3）每个小组派一个代表向全班汇报小组的交流情况。

五、拓展练习

听力

07-3

关键词语

1	倒霉	dǎo méi	A	unlucky
2	哭笑不得	kūxiào-bùdé		to find something both funny and annoying
3	维护	wéihù	V	to maintain
4	彼此	bǐcǐ	Pron	each other
5	泛化	fànhuà	V	to generalize
6	模糊	móhu	A	vague

1 听第一遍录音，选择正确答案。

（1）哪一个社交网络平台最早开始用“点赞”？

A. 微信　　B. Facebook　　C. Like

（2）有时人家分享的是件________，有的人一个不小心，也会习惯性地点个赞，让人哭笑不得。

A. 开心的事　　B. 倒霉的事　　C. 正经的事

（3）本文认为，点赞的含义________。

A. 是打个招呼

B. 是表示称赞或赞同

C. 得看具体情况

2 听第二遍录音，填空。

（1）看到朋友发的信息、图片，觉得总得表示一下，可是又不知道怎么表达，也________去想怎么表达，这时候点个赞是最简单的方式。

（2）你给我点个赞，我也给你点个赞，借此________彼此的关系，________双方的感情。

（3）当点赞的功能越来越________，点赞的含义也越来越________。

3 听第三遍录音，回答问题。

（1）点赞的含义有哪些？

（2）文中说，"点赞是什么含义，……，那得看情况"，你觉得该如何"看情况"？

阅读

关键词语

1	增进	zēngjìn	V	to enhance
2	志同道合	zhìtóng-dàohé		like-minded, in the same camp
3	足不出户	zúbùchūhù		to remain within doors
4	侃侃而谈	kǎnkǎn-értán		to speak with fervor and assurance
5	迷失	míshí	V	to lose (one's way, etc.)
6	疏离感	shūlígǎn		sense of alienation
7	隔阂	géhé	N	estrangement

人际关系的“转基因”

随着互联网技术的普及，网络社交已经成了我们人际交往中不可缺少的一部分。网络社交的无限性使得人们的交往空间扩大了。只要打开社交网络平台，人们就可以突破空间的限制，随时随地与远方的家人或朋友交流，不仅增进了友情和亲情，也缓解了自己的孤独，获得了心灵上的安慰。人们还可以在朋友圈晒图或发表新的生活动态。你给我点个赞，我也给你点个赞，这样不仅维护了彼此的关系，也极大地增加了自己的存在感。除此之外，人们还可以通过各种论坛和平台发表自己的见解，结交志同道合的新朋友。网络社交不仅缩短了空间上的距离，也缩短了人们心理上的距离。

不过，网络社交在拉近人们距离的同时，也带来了不少负面影响。很多年轻人容易在网络社交中上瘾。他们足不出户，终日沉迷于网络，网聊、网购，或者玩儿网游，很少与外界接触。他们习惯了在虚拟的世界里和陌生人侃侃而谈，但在实际生活中却不爱交流，不知道如何与朋友相处，如何面对各种复杂的现实情境。另一方面，网络上虚假或片面的东西很多，容易让人迷失自我。因网络社交引发的嫉妒心理，也会降低人们的生活满意度，这会给健康个性的养成带来很多不利的影响。人们一方面在网络交往中消除寂寞和孤独，另一方面又产生了脱离现实社会的疏离感，变得更加孤独和寂寞了。

有人说，网络是一座桥，让人们减少隔阂，增加了解。也有人说，网络是一堵墙，阻隔了人与人的心灵。看来，网络社交就如同“转基因”技术一般，有利有弊，有人支持，也有人反对。那么你觉得，网络社交到底促进了人际交往，还是阻碍了人际交往呢？

1 快速读完上面的短文，并根据短文内容选择正确答案。

（1）网络社交的无限性使得人们的________。

A. 性格变得更好了

B. 交往空间扩大了

C. 处理问题的能力提高了

（2）网络社交和“转基因”技术的共同点是________。

A. 有好处也有坏处　B. 没有好处　C. 没有坏处

（3）下面哪项不是网络社交的负面影响？

A. 有脱离现实社会的疏离感

B. 不爱在现实中结交朋友

C. 增加了自己的存在感

2 再读一遍短文，根据短文内容填空。

（1）只要打开社交网络平台，人们就可以________空间的________，随时随地与远方的家人或朋友交流，不仅________了友情和亲情，也________了自己的孤独，获得了心灵上的安慰。

（2）网络上________或________的东西很多，容易让人________自我。

（3）人们一方面在网络交往中________寂寞和孤独，另一方面又产生了________现实社会的疏离感，变得更加孤独和寂寞了。

（4）有人说，网络是________，让人们减少隔阂，增加了解。也有人说，网络是________，阻隔了人与人的心灵。

3 根据短文内容，用括号内的词语或格式回答问题。

（1）网络社交有什么好处？（随时随地　突破……的限制　存在感　志同道合）

（2）年轻人在网络社交中上瘾的表现有哪些？（足不出户　沉迷于）

语言实践

针对上文中的“网络社交到底促进了人际交往，还是影响了人际交往”这个问题，采访一下周围的同学和老师。通过调查分析，看看他们对这个问题的看法是怎样的。

六、聚宝盆（写下这一课新学会的词语和句子）

第八课

与人相处之道

一、热身

1. 你觉得你善于和别人相处吗？
2. 你的父母和长辈有没有跟你说过与人相处的道理？都有哪些说法？
3. 你自己觉得和别人相处应该注意些什么？

二、听力

听力 A 08-1

关键词语

1	遍布	biànbù	V	to spread all over
2	洽谈	qiàtán	V	to negotiate
3	预订	yùdìng	V	to book, to reserve
4	上层	shàngcéng	N	the upper
5	荣升	róngshēng	V	to be promoted (to a position)
6	主管	zhǔguǎn	V/N	to supervise; supervisor
7	着想	zhuóxiǎng	V	to take into consideration

1 听第一遍录音，判断正误。

（1）（　　）这个故事发生在 20 世纪 90 年代。

（2）（　　）文中提到的贸易公司专门出售火车票。

（3）（　　）这家公司有一个主管订票业务的部门。

（4）（　　）这位订票的姑娘是一个很为别人着想的人。

2 听第二遍录音，填空。

（1）有一个姑娘，经常给德国一家公司的商务经理________往来于东京和大阪________的火车票。

（2）一________时间以后，那位经理发现：每次去大阪的时候，自己的座位总是在列车右边的窗口位置；回东京的时候，座位总是________左边的窗口。

（3）因为重视每个________，处处为别人着想，她的公司________成为日本最著名的搬家公司。

3 听第三遍录音，回答问题。

（1）那位订票的姑娘做了什么事让德国的商务经理非常感动？

（2）为什么那位订票姑娘办的公司最终成为日本最著名的搬家公司？

听力 B 08-2

关键词语

1	教养	jiàoyǎng	N	upbringing, education
2	规范	guīfàn	N	standard, norm
3	准则	zhǔnzé	N	norm, criterion
4	体谅	tǐliàng	V	to be considerate, to make allowances (for somebody)
5	监督	jiāndū	V	to supervise

1 听第一遍录音，判断正误。

（1）（　　）本文认为教养不是道德规范。

（2）（　　）同事把飞机餐盒随手丢给了空姐。

（3）（　　）朋友离开酒店时从来不整理床铺。

2 听第二遍录音，填空。

（1）教养不是道德________，也不是小学生行为________，跟一个人的________、________也没什么关系。

（2）它是一种体谅，体谅别人的________，体谅别人的处境和习惯，处处为别人________。

（3）在________场合，我们总是显得有________些，因为有群体的________。

3 听第三遍录音，回答问题。

（1）本文认为教养的本质是什么？

（2）朋友每次离开酒店都会怎么做？

三、阅读

阅读 A

关键词语

1	推托	tuītuō	V	to make an excuse
2	冷漠	lěngmò	A	indifferent
3	嘱咐	zhǔfù	V	to tell, to exhort
4	真诚	zhēnchéng	A	sincere

尽量少说“我很忙”

“我很忙。”这个看上去很简单的句子很可能会破坏你的人际关系。看看你最近发给别人的回复，有没有这样的句子：

“我非常想去，不过真的好忙。”

“真抱歉回复晚了，我最近太忙。”

“恐怕帮不上忙，我实在忙不过来啊。”

也许你确实很忙，但是，这年头谁不忙呢？人家会怀疑这只是一个借口、一种推托，会从这句话里感受到一丝冷漠、一点儿疏远。

那我们该怎么说呢？很简单，就是告诉别人你究竟在忙什么。这需要多花一点儿时间，然而十分值得。

想象一下，你需要拒绝朋友的派对邀请。

第一种回答："我非常想去，但真的没时间。"

第二种回答："我非常想去，可惜儿子今晚有篮球比赛，他再三嘱咐我一定要看。"

显然第二种回答显得更加真诚。

如果你的事情正在紧要关头无法离开，那就告诉别人你具体要忙到几时，这样更能获得理解与支持。比如告诉对方你的产品要赶在1个月内上市，过了这段时间你才能与他们相聚，这会使对方感受到你对友情的重视。

真诚地对待他人，这是与人相处的基本原则。

1 快速读完上面的短文，并根据短文内容选择正确答案。

（1）如果你经常说"我很忙"，那会慢慢破坏你的________。

A. 身体状况　　B. 工作情绪　　C. 人际关系

（2）当你说自己忙时，人们会怀疑你在________。

A. 装忙　　B. 炫耀自己　　C. 找借口

（3）拒绝朋友邀请的时候，不能________。

A. 说"我很忙"

B. 总是说"我很忙"

C. 只是说"我很忙"

2 再读一遍短文，根据短文内容填空。

（1）人家会怀疑这只是一个________、一种________。

（2）"我非常想去，________儿子今晚有篮球比赛，他________嘱咐我一定要看。"

（3）________地对待他人，这是________________的基本原则。

3 根据短文内容，用括号内的词语或格式回答问题。

（1）为什么说“我很忙”这句话会破坏人际关系？（推脱 冷漠 疏远）

（2）本文认为应该用什么方式来表达“我很忙”？为什么？（究竟 真诚）

阅读 B

关键词语

1	挨打	ái dǎ		to take a beating
2	奖励	jiǎnglì	V	to reward, to award
3	巧妙	qiǎomiào	A	ingenious
4	得体	détǐ	A	decent, appropriate
5	善解人意	shànjiě-rényì		understanding, considerate
6	专心致志	zhuānxīn-zhìzhì		to concentrate one's attention

“说”和“听”的艺术

古代有一位国王，一天晚上做了一个梦，梦见自己满嘴的牙都掉了。于是，他就找了两位解梦的人。国王问他们：“为什么我会梦见自己满口的牙全掉了呢？”第一个解梦的人说：“皇上，梦的意思是，在您所有的亲属都死去以后，您才能死。”皇上一听，非常愤怒，打了他一百大棍。第二个解梦人说：“皇上，梦的意思是，您将是您所有亲属当中最长寿的一位！”皇上听了很高兴，便拿出了一百枚金币，赏给了第二位解梦的人。

同样的事情，同样的内容，为什么一个会挨打，另一个却得到奖励呢？因为一个不会说话，另一个会说话。

“一句话能说得让人笑起来，一句话也能说得让人跳起来。”关键就看你能不能把话说得巧妙。这里所谓的“巧妙”指的就是能够说出最得体的话。要说话得体，就必须善解人意。

当然，仅仅会说是不够的，还要会听，有时候，会听比会说更重要。每个人都希望获得别人的尊重，受到别人的重视。当我们专心致志地听对方讲时，对方一定会有一种被尊重的感觉，也必然会拉近双方之间的距离。

1 快速读完上面的短文，并根据短文内容选择正确答案。

（1）古代有位国王梦见自己的________掉了。

A. 牙　　B. 衣服　　C. 钱

（2）第二个人受到国王奖励是因为他________。

A. 打赢了　　B. 衣服好看　　C. 说话巧妙

（3）如果话说得巧妙，就能把人说得________。

A. 笑起来　　B. 跳起来　　C. 又笑又跳

2 再读一遍短文，根据短文内容填空。

（1）“一句话能说得让人________，一句话也能说得让人________。”关键就看你能不能把话说得巧妙。

（2）这里________的“巧妙”指的就是能够说出最________的话。

（3）当我们专心致志地听对方讲时，对方一定会有一种被________的感觉，也必然会________双方之间的距离。

3 根据短文内容，用括号内的词语或格式回答问题。

（1）如何才能把话说得巧妙？（得体　善解人意）

（2）如果你仔细倾听对方说话，会有什么效果？（重视　距离）

四、表达活动

3～5人一组，交流一下与人相处之道。

（1）先把你的看法写在一张纸上，你可以选用下面括号里的词语。

（体谅　着想　真诚　得体　善解人意）

（2）在小组里互相交流各自的与人相处之道。

（3）每个小组派一个代表向全班汇报小组的交流情况。

五、拓展练习

听力 08-3

关键词语

1	程序员	chéngxùyuán		programmer
2	倒闭	dǎobì	V	to close down
3	喘气	chuǎn qì	VO	to gasp
4	待遇	dàiyù	N	salary and benefits
5	沮丧	jǔsàng	A	dispirited, frustrated
6	抱怨	bàoyuàn	V	to complain
7	空缺	kòngquē	N	vacancy
8	感恩	gǎn ēn	VO	to be thankful

1 听第一遍录音，选择正确答案。

（1）史蒂文曾是一家公司的________。

A. 销售员　　B. 程序员　　C. 经理

（2）史蒂文失业的时候，有________孩子。

A. 1 个　　B. 2 个　　C. 3 个

（3）史蒂文在哪里看到一家软件公司要招聘程序员？

A. 电视上　　B. 报纸上　　C. 网络上

（4）史蒂文面试后，给对方公司________。

A. 打了个电话　　B. 做了个软件　　C. 写了封信

2 听第二遍录音，填空。

（1）而此时，史蒂文的第三个孩子刚刚降生，巨大的经济压力使他________
________。

（2）不过史蒂文______不感到沮丧，______没有抱怨，______给这家公司写了封信，表示感谢。

（3）许多时候，如果我们常常怀着一颗______的心，真诚地对待他人，人生的道路就会越走越______！

3 听第三遍录音，回答问题。

（1）史蒂文有了什么压力？

（2）为什么公司在职位空缺的时候，第一个想到了史蒂文？

阅读

关键词语

1	分寸	fēncun	N	proper limits for speech or action
2	探听	tàntīng	V	to try to find out
3	隐私	yǐnsī	N	privacy
4	君子	jūnzǐ	N	a man of noble character
5	功利	gōnglì	N	utilitarian
6	亲密无间	qīnmì-wújiàn		to be intimate
7	心事	xīnshì	N	a load on one's mind
8	珍惜	zhēnxī	V	to cherish

朋友之间的“度”

长辈们常常教育我们，做人做事要有度。这个“度”指的是分寸，做什么事情都要有分寸。过犹不及，做得不足不好，做得过头了，也不好。朋友之间的关系也是这样，都要讲究一个分寸。只有这样，友谊才能长久。下面几点，你做到了吗？

不要探听朋友的隐私。每个人都需要有隐私空间，朋友之间哪怕关系再亲密，也不要随意探听人家的隐私。

相互理解而保持独立。俗话说，“君子之交淡如水”，与人相处不要有太多的功利心，朋友之间更是如此。真正的朋友不一定亲密无间，不需要请客送礼，重要的是相互理解、相互欣赏、相互支持。

常怀感恩之心。感恩那些帮助你的人，是他们分担你的忧愁，倾听你的心事，给你快乐，给你温暖，在你需要的时候，随时伸出援手。真正的朋友之间不用经常说谢谢，但永远珍惜彼此的情谊。

1 快速读完上面的短文，并根据短文内容选择正确答案。

（1）做事要“有度”的意思是要________。

A. 有温度　　B. 有分寸　　C. 有礼貌

（2）朋友之间要尊重对方的________。

A. 兴趣　　B. 权利　　C. 隐私

（3）朋友之间要________。

A. 常说谢谢　　B. 亲密无间　　C. 相互理解

2 再读一遍短文，根据短文内容填空。

（1）长辈们常常教育我们，做人做事要________。

（2）与人相处不要有太多的________，朋友之间更是________。

（3）________那些帮助你的人，是他们________你的忧愁，________你的心事，给你________，给你________。

3 根据短文内容，用括号内的词语或格式回答问题。

（1）为什么做人做事要有度？（分寸　不足　过头）

（2）你如何理解“君子之交淡如水”？（功利　独立　尊重　理解）

语言实践

做一个调查，看看不同国家的人对“过犹不及”这四字用于相处之道上的理解。

六、聚宝盆（写下这一课新学会的词语和句子）

第九课 “抗沙战争”

一、热身

1. 你知道沙尘暴吗？
2. 你认为沙漠能变成绿洲吗？

二、听力

听力 A 09-1

关键词语

1	漫天飞舞	màntiān-fēiwǔ		to fly all over the sky
2	毁坏	huǐhuài	V	to damage
3	掀翻	xiānfān		to throw, to overturn
4	干旱	gānhàn	A	arid
5	砍伐	kǎnfá	V	to fell (trees)
6	导致	dǎozhì	V	to result in

1 听第一遍录音，判断正误。

（1）（　　）本文在给我们讲一个有关沙尘暴的恐怖电影。

（2）（　　）春天很少出现沙尘暴天气。

（3）（　　）沙尘暴破坏力巨大。

（4）（　　）所有有风的地方都会发生沙尘暴。

2 听第二遍录音，填空。

（1）一百多米高的黄沙好像一________墙一样，朝你________过来。四周一下子变得昏黄________，________天和地，也________前方，让人感觉好像世界末日要来了。

（2）沙尘暴是一种灾难性天气，________发生在春天，是________强大的风力________地面的沙尘吹起________造成的可怕的天气现象。

（3）________人类大量砍伐森林，破坏植被，这些地方的土地沙漠化越来越严重，________了沙尘暴天气的产生。

3 听第三遍录音，回答问题。

（1）什么是沙尘暴天气？

（2）沙尘暴天气是如何产生的？

听力 B 09-2

关键词语

1	治愈	zhìyù		to cure
2	癌症	áizhèng	N	cancer
3	挡住	dǎngzhù		to block, to keep off
4	琢磨	zuómo	V	to consider, to turn something over in one's mind
5	覆盖率	fùgàilǜ		coverage rate

1 听第一遍录音，判断正误。

（1）（　　）这个故事发生在内蒙古。

（2）（　　）面对沙漠，殷玉珍离开了。

（3）（　　）2000 年，殷玉珍开始在沙漠里种树。

（4）（　　）30 多年来，殷玉珍一直在坚持着。

2 听第二遍录音，填空。

（1）________沙漠，有的人选择了离开，有的人________选择留下来，________改变它。

（2）让殷玉珍没想到的是，风沙太厉害，600多棵树苗被一场大风吹________________。

（3）汗水________往沙里流了________，农具也________用坏了________。

（4）________她的影响________，周围的老百姓也积极参与植树造林。

3 听第三遍录音，回答问题。

（1）殷玉珍所居住的地方环境怎么样？

（2）在殷玉珍和周围人的努力下，当地的沙漠有了什么变化？

三、阅读

阅读 A

关键词语

1	虚拟	xūnǐ	A	virtual
2	积攒	jīzǎn	V	to save/collect bit by bit
3	货真价实	huòzhēn-jiàshí		real, genuine
4	截至	jiézhì	V	up to/until
5	借助	jièzhù	V	in virtue of
6	遥远	yáoyuǎn	A	remote
7	动力	dònglì	N	impetus

蚂蚁森林云养树

支付宝，你一定不陌生，它是中国最大的移动支付平台之一，人们可以随时通过手机上的支付宝 app 来消费购物。可是，你知道支付宝除了可以网上支付外，还可以“云养树”吗？

2016年8月，支付宝推出了一个虚拟网上种树的功能，叫“蚂蚁森林”。首先你在手机里领养一棵虚拟树苗，然后就可以通过各种绿色生活方式为自己积攒能量。无论是每天坚持多走路、多骑单车，还是平时消费用支付宝支付，或者是在线上购买火车票等，所获得的能量都可以让树苗一点儿点儿成长，这就叫“云养树”。等到能量达到了足够的数值，也就是网上的虚拟树木长大后，支付宝就会替你在远方的沙漠中种下一棵货真价实的树。这些树都是非常适合在沙漠中生存的树种，目前共有三种，分别是梭梭树、樟子松和胡杨。截至2018年5月底，蚂蚁森林的参与者已经多达3.5亿人，种植和维护真树5552万棵，种植面积超过76万亩。

如今，借助现代卫星技术，人们打开支付宝里的蚂蚁森林，就能看见千里之外自己种的树。很多网友表示，以前以为蚂蚁森林只是手机里的公益小游戏，但通过种树、看树，第一次感到生命与遥远的土地和太空有了某种联系，千百万棵树种下去，人类就能在太空看到它们给世界带来的改变。蚂蚁森林云养树给了大家保护环境的动力，也给了每个人参与治理沙漠的机会。

1 快速读完上面的短文，并根据短文内容选择正确答案。

（1）“蚂蚁森林”指的是________。

A. 支付宝的功能之一

B. 一片大森林

C. 森林中的蚂蚁

（2）下面哪种方式不能为“云养树”积攒绿色能量？

A. 坚持走路　　B. 多开车　　C. 网上购买电影票

（3）支付宝替人们把树种在________。

A. 沙漠里　　B. 大海边　　C. 城市里

（4）根据本文，下面哪种树不是适合在沙漠中生存的树种？

A. 梭梭树　　B. 胡杨　　C. 柳树

2 再读一遍短文，根据短文内容填空。

（1）________你在手机里领养一棵虚拟树苗，________就可以通过各种绿色生活方式为自己________能量。

（2）等到能量达到了足够的数值，________网上的虚拟树木长大后，支付宝就会________你在远方的沙漠中种下一棵________的树。

（3）如今，________现代卫星技术，人们打开支付宝里的蚂蚁森林，就能看见千里之外自己种的树。

（4）蚂蚁森林云养树给了大家保护环境的________，也给了每个人参与治理沙漠的________。

3 根据短文内容，用括号内的词语或格式回答问题。

（1）什么是蚂蚁森林云养树？（虚拟　领养　无论……，还是……　货真价实）

（2）网友们认为云养树的意义是什么？（公益　联系　动力　机会）

阅读 B

关键词语

1	变迁	biànqiān	V	to change in trends or conditions
2	荒凉	huāngliáng	A	desolate
3	放牧	fàngmù	V	to graze
4	寸草不生	cùncǎo-bùshēng		barren
5	绝迹	jué jì	VO	to vanish, to disappear
6	颁发	bānfā	V	to award, to issue

库布齐沙漠的变迁

一提到沙漠，大家的第一印象就是荒凉、可怕，到处都是黄沙。对于沙漠不断扩大的各个国家来说，沙漠绿化一直是一个难题，然而在中国，沙漠变绿洲却正在成为现实！今天要给大家介绍的就是中国西北地区的库布齐沙漠的变迁过程。

库布齐沙漠是中国第七大沙漠，一年至少会发生50次沙尘暴，曾被称为“死亡之海”。它位于中国北部的内蒙古自治区，总面积达1.39万平方公里。库布齐在古代曾是一片水草丰美的绿洲，但由于人们过度放牧，不注重环境保护，后来逐渐成为一片荒凉的沙漠。1988年，库布齐年降雨量不足100毫米，生物种类连10种都不到。这里几乎寸草不生，动物绝迹。当地老百姓缺水缺电，还要经常忍受沙尘暴的侵害，生活异常贫困和艰苦。

沙漠里的人们要想活下去，除了向沙漠宣战，已经别无选择。30多年前，库布齐人踏上了艰难的治沙之路。在多次失败之后，他们摸索出了一系列方法来固定流动的黄沙。他们缩短种植树木的时间，并通过科技手段使沙漠中出现了大面积的黑色土壤，将植物的存活率提高到了60%。值得一提的是，库布齐沙漠也是支付宝蚂蚁森林的植树点之一，每一个云养树的支付宝用户都在通过互联网为库布齐的治沙绿化做出各自的贡献。

30多年后，曾经的风沙侵害已成了历史。今天的库布齐森林覆盖率达15.7%，植被覆盖度达到了53%。当人们走进库布齐，首先看到的不再是大片的沙漠，而是随处可见的杨树、绿草，遍地走动的羊和鹅。植被覆盖率的变化也让当地的气候有了巨大的改善，近几年库布齐的降雨量在逐渐增加，沙尘暴的发生次数也在逐渐减少。2018年，库布齐只刮过一场沙尘暴，这个数字是30年前的五十分之一。

2015年7月28日，库布齐因其绿化成果而荣获联合国颁发的“土地生命奖”，库布齐沙漠，成为世界上唯一被整体治理的沙漠。

1 快速读完上面的短文，并根据短文内容选择正确答案。

（1）根据课文，沙漠变绿洲________。

A. 不能成为现实　　B. 可能成为现实　　C. 正在成为现实

（2）1988年，库布齐年降雨量不足100毫米，生物种类________。

A. 不足10种　　B. 超过10种　　C. 有20多种

（3）今天库布齐的森林覆盖率达________，植被覆盖度达到了53%。

A. 1.39%　　B. 15.7%　　C. 60%

（4）库布齐因其绿化成果荣获联合国颁发的“________年度土地生命奖”。

A. 2015　　B. 2016　　C. 2017

2 再读一遍短文，根据短文内容填空。

（1）________沙漠不断扩大的各个国家________，沙漠绿化一直是一个难题，然而在中国，沙漠变________却正在成为现实！

（2）这里几乎________________，动物________。当地老百姓________水________电，还要经常________沙尘暴的侵害，生活异常贫困和艰苦。

（3）当人们走进库布齐，首先看到的________是大片的沙漠，而是________的杨树、绿草，遍地走动的羊和鹅。

（4）库布齐沙漠，成为世界上唯一被________________的沙漠。

3 根据短文内容，用括号内的词语或格式回答问题。

（1）30 年前的库布齐沙漠是怎样的？（寸草不生　绝迹　侵害）

（2）30 年后的库布齐有了怎样的变化？（覆盖率　改善　整体）

四、表达活动

3 ～ 5 人一组，谈谈对沙漠绿化的看法。

（1）先把你的看法写在一张纸上，你可以选用下面括号里的词语。

（干旱　荒凉　毁坏　砍伐　导致　覆盖率　变迁）

（2）在小组里口头交流各自的看法。

（3）每个小组派一个代表向全班汇报小组的交流情况。

五、拓展练习

听力 09-3

关键词语

1	亚马逊雨林	Yàmǎxùn Yǔlín	PN	Amazon rainforest

2	退化	tuìhuà	V	to degenerate
3	大幅	dàfú	Adv	by a large margin
4	集约农业	jíyuē nóngyè		intensified agriculture
5	贡献	gòngxiàn	V&N	to contribute; contribution
6	密不可分	mìbùkěfēn		inseparable

1 听第一遍录音，选择正确答案。

（1）根据美国航天局的卫星数据，________。

A. 地球上多了一个亚马逊雨林

B. 地球新增了大约一个亚马逊雨林的绿化面积

C. 亚马逊雨林消失了

（2）从 2000 年到 2017 年，地球陆地上的绿化面积增加了大约________。

A. 5%　　B. 2%　　C. 10%

（3）对全球新增绿化面积贡献最大的国家是________。

A. 中国　　B. 美国　　C. 印度

（4）中国的新增绿化面积中，32% 来自________。

A. 农业　　B. 森林　　C. 沙漠

2 听第二遍录音，填空。

（1）地球陆地上的绿化面积增加了________5%，________550 万平方公里左右，这________增加了一个亚马逊雨林。

（2）中国和印度在过去的 10 多年里________种植农作物的土地面积没有很大的变化，但两国的绿化面积和粮食产量都________增加了。

（3）全球新增绿化面积中约四分之一________中国，贡献比例________全球首位。

3 听第三遍录音，回答问题。

（1）为什么说地球在过去 20 年左右的时间里变得更绿了？

（2）中国和印度的新增绿化面积主要来自哪里？

阅读

关键词语

1	荒漠	huāngmò	N	desert
2	沙丘	shāqiū	N	sand dune
3	占领	zhànlǐng	V	to occupy
4	淹没	yānmò	V	to submerge
5	恶劣	èliè	A	poor, bad
6	干涸	gānhé	A	(of rivers, lakes, etc.) dry
7	缩减	suōjiǎn	V	to shrink, to reduce

大西北抗沙之战

身在城市或青山绿水间的人们也许很难想象，中国有四分之一以上的国土被荒漠和沙地占领着。这些荒漠和沙地位于中国的西北地区，主要分布在新疆、内蒙古、西藏、甘肃、青海五个省或自治区，共计262万平方公里。

在这里，流动沙丘不断地向四周推进，淹没村庄和道路，不断占领人类的居住地。人们抬头看到的是沙，低头见到的也是沙，吃饭带沙，睡觉带沙，出门无路可走，生存环境十分恶劣。更为可怕的是，当地人还要忍受一年几十次沙尘暴的侵害。

为了生存，为了发展，坚守家园的大西北人，用勤劳的双手和聪明的头脑投入到了与沙漠的斗争中。与此同时，越来越多的外来志愿者也加入到大西北抗沙的队伍中。中国互联网的发展也贡献了它独特的力量，通过蚂蚁森林云养树等方式，很多远离抗沙战场的人，也有机会参与这场抗沙战争。

经过40多年的艰辛努力，这场战争已经取得了阶段性的胜利。位于两大沙漠之间的甘肃省民勤县内原本有一片大湖，在20世纪60年代这个大湖就已经干涸，整个县城也面临被沙化的危险。在民勤人民的抗争下，人们不但保住了原来的家园，而且原本干涸的湖水又重新回来了，并在不断扩大中，全县森林覆盖率由2010年的11.52%提高到了17.7%。

离北京最近的库布齐沙漠，以前被称为北京头上的一盆沙，因为一旦库布齐起了大风，北京很有可能就要下沙尘暴，而现在这盆沙已经变成了绿色的“盆景”。

20世纪末，荒漠每年扩展1.04万平方公里，如果不采取任何措施，24年之后中国就会多出一个相当于英国大小的沙漠地区。而现在，在人们的艰苦抗争下，荒漠面积不但没增加，反而每年缩减2424平方公里，这比一个深圳市的面积还要大。根据最近美国宇航局卫星数据，全球近20年来新增的绿化面积中，约四分之一来自中国，贡献比例居全球首位，这也再次见证了中国在抗击沙漠化以及植树造林等方面的突出成绩。

1 快速读完上面的短文，并根据短文内容选择正确答案。

（1）中国有________以上的国土被荒漠和沙地占领着。

A. 六分之一　　B. 五分之一　　C. 四分之一

（2）中国的荒漠和沙地位于中国的________。

A. 东南地区　　B. 东北地区　　C. 西北地区

（3）如今，中国的荒漠和沙地面积每年________。

A. 都在扩大　　B. 都在缩减　　C. 没什么变化

（4）全球近20年来新增的绿化面积中，约四分之一来自________。

A. 中国　　B. 印度　　C. 美国

2 再读一遍短文，根据短文内容填空。

（1）这些荒漠和沙地________中国的西北地区，主要________新疆、内蒙古、西藏、甘肃、青海五个省或自治区。

（2）为了生存，为了发展，________家园的大西北人，用勤劳的双手和聪明的头脑________到了与沙漠的________中。

（3）因为________库布齐________了大风，北京很有可能就要________沙尘暴。

（4）这也再次________了中国在抗击沙漠化以及植树造林等方面的________成绩。

3 根据短文内容，用括号内的词语或格式回答问题。

（1）中国的荒漠和沙地分布情况怎么样？（占领　位于　分布在）

（2）哪些人加入到了抗沙战争中？（坚守　志愿者　贡献）

（3）目前中国大西北的抗沙斗争有了什么成果？（保住　缩减　突出）

语言实践

做一个调查，问问来自不同国家的同学有没有做过什么环保方面的公益活动或者他们自己的国家有哪些包括抗沙在内的环保公益活动。

六、聚宝盆（写下这一课新学会的词语和句子）

第十课 云南行

一、热身

1. 你听说过云南吗？你能不能说出几个云南有名的景点？

2. 你知道云南有什么地方特色吗？

二、听力

听力 A 10-1

关键词语

1	傣族	Dǎizú	PN	Dai ethnic group
2	乐土	lètǔ	N	paradise
3	开屏	kāi píng		(of a peacock) to spread its tail
4	风情	fēngqíng	N	exotica

1 听第一遍录音，判断正误。

（1）（　　）西双版纳在云南省的最北端。

（2）（　　）西双版纳有两个市、一个县。

（3）（　　）西双版纳有“植物王国”的美称。

（4）（　　）在西双版纳，人们喜欢住在石头房子里。

2 听第二遍录音，填空。

（1）西双版纳________云南省的南端，面积________2 万平方公里，________1 个市、2 个县和西双版纳旅游度假区等。

（2）西双版纳有着世界上保存________完好的热带雨林，也因此________了动植物的________。

3 听第三遍录音，回答问题。

（1）“西双版纳”在傣语中是什么意思？

（2）为什么说西双版纳是动植物的乐土？

（3）傣族人居住的竹楼是怎样的？

听力 B 10-2

关键词语

1	古老	gǔlǎo	A	old, age-old
2	悠久	yōujiǔ	A	(of history) long
3	象形文字	xiàngxíng wénzì		hieroglyph
4	模拟	mónǐ	V	to simulate
5	演奏	yǎnzòu	V	to play a musical instrument

1 听第一遍录音，判断正误。

（1）（　　）丽江是傣族人的聚居地。

（2）（　　）东巴文化是纳西族人的民族文化。

（3）（　　）东巴文字是一种图画字。

（4）（　　）纳西古乐是世界上最古老的音乐之一。

2 听第二遍录音，填空。

（1）________丽江，你可能并不陌生，它是一________风景优美的历史古城，吸引了________世界各地的游客。

（2）东巴文就是这样一种图画字，是一种________文字。

（3）有人说，不到丽江________到云南，不听纳西古乐________到丽江。

3 听第三遍录音，回答问题。

（1）为什么说东巴文字是一种象形文字？

（2）东巴舞有什么特色？

（3）我们现在听到的纳西古乐有哪些特点？

三、阅读

阅读 A

关键词语

1	宜人	yírén	A	pleasant
2	明媚	míngmèi	A	bright and beautiful
3	游览	yóulǎn	V	to visit, to go sightseeing
4	顾名思义	gùmíng-sīyì		just as its name implies
5	溶解	róngjiě	V	to dissolve
6	千姿百态	qiānzī-bǎitài		in diverse forms
7	大开眼界	dàkāi-yǎnjiè		eye-opening
8	容纳	róngnà	V	to accommodate, to hold

“春城”与“金花的故乡”

早就听说云南气候宜人，景色秀丽，好像人间仙境一样。趁着春节假期，我赶紧报了一个旅游团，来亲身感受一下云南的独特魅力。

我们本次旅行的第一站是云南的省会城市——昆明。下了飞机，第一个感受就是舒服。明媚的阳光，适宜的温度，这哪里是冬天，分明就是春天啊！路上的行人穿什么衣服的都有，有的人穿毛衣，有的人穿T恤，甚至还有人穿短裙。导游告诉我们，昆明四季如春，一直有“春城”的美称，年均温度在10度到20度之间，因此，“四季乱穿衣”就成了昆明的一大特色。

随后，导游带领大家游览了位于昆明近郊的石林风景区。车子行进在山中，两旁的景色越来越奇特，石头好像从土里长出来的一样。石林，顾名思义，就是石头形成的森林。不过石林并不是石头从地下冒出后又慢慢长高长大成为森林的，而是由于地表上的水长时间地溶解山体，使之成形。石柱的样子千姿百态，个个都是大自然的杰作。有的像动物，有的像节节生长的竹笋，还有的像宝剑刺向天空，难怪云南人常说“石头长到云天外”，真是令人大开眼界。

第二天，我们来到了大理古城。大理生活着很多白族人，白族人民偏爱白色，他们的房子总体色调是白色，传统服装的色调也是白色。当我们下车后，当地人亲切地叫我“金花”。打听了才知道，这里把女孩子都叫作“金花”。大理居民都爱花，也爱种花。“金花”是白族人对姑娘的美称，大理也被称作“金花的故乡”。

来了大理，不能不去洱海。其实洱海不是海，而是一个湖。据说因为云南在中国的内陆地区，白族人民为了表示对海的向往，又因为这个湖泊的形状像只耳朵，所以称之为洱海。我们坐着可以容纳上千人的大游轮在洱海上游玩。在游船上欣赏了具有民族特色的白族三道茶表演，还品尝了三道茶。三道茶分别由三种味道组成：一苦二甜三回味。我觉得这就像我们的生活一样，先苦后甜，才能有所收获。

由于时间的关系，我匆匆游览了昆明和大理之后，就得回去了，可云南美丽的风景却深深留在了我的脑海里，还有那么多的美景我没有欣赏。我相信，不久的将来我还会再去的。

1 快速读完上面的短文，并根据短文内容选择正确答案。

（1）“我”是什么季节去云南旅游的？

A. 春季　　B. 冬季　　C. 夏季

（2）“我”到达昆明的时候，看到路上的行人________。

A. 穿着毛衣　　B. 穿着T恤　　C. 穿什么的都有

（3）________也被称作“金花的故乡”。

A. 昆明　　B. 大理　　C. 西双版纳

2 再读一遍短文，根据短文内容填空。

（1）________的阳光，________的温度，这________是冬天，________就是春天啊！

（2）石柱的样子________________，个个都是大自然的________。

（3）据说因为云南在中国的内陆地区，白族人民为了表示________海的________，又因为这个湖泊的形状像只耳朵，所以________之________洱海。

3 根据短文内容，用括号内的词语或格式回答问题。

（1）云南的石林是如何形成的？（不是……，而是……　冒出来　溶解）

（2）洱海的名称是怎么来的？（对……向往　形状　称之为）

（3）三道茶和我们的生活有什么关联？（由……组成　有所）

阅读 B

关键词语

1	祈求	qíqiú	V	to pray for
2	保佑	bǎoyòu	V	to bless, (of a deity) to protect
3	粗犷	cūguǎng	A	rough, straightforward and uninhibited
4	兴高采烈	xìnggāo-cǎiliè		in high spirits
5	大街小巷	dàjiē-xiǎoxiàng		big streets and small alleys
6	壮观	zhuàngguān	A	spectacular

泼水节

泼水节，是傣族新年，距今已有数百年的历史。它也是云南少数民族节日中影响最大、参加人数最多的节日，一般在每年的4月举行，为期三到七天。

人们在节日期间最先要做的事就是清洗佛像。一大早，人们身穿节日盛装，挑来清水为佛像“洗尘”，祈求神灵保佑人们在新的一年里身体健康。

“浴佛”结束后，集体性的相互泼水活动就开始了。人们用木盆装满清水，再用花叶沾水轻轻洒在周围人的身上，开始相互泼水，水花在空中盛开，它象征着吉祥、幸福、健康。人们虽然一个个全身湿透，但都兴高采烈，大街小巷充满了欢声笑语。据说，在泼水节中谁被泼的水越多，这一年谁就最幸福。泼水表达了傣族人民希望彼此平安、幸福的美好祝愿。在泼水的时候，成千上万的傣族人还会随着优美的音乐边跳边唱，场面十分壮观。

1 快速读完上面的短文，并根据短文内容选择正确答案。

（1）傣族的泼水节一般在每年的______举行。

A. 4 月　　B. 8 月　　C. 10 月

（2）人们在泼水节最先做的事情是______。

A. 做游戏　　B. 互相泼水　　C. 为佛像洗尘

2 再读一遍短文，根据短文内容填空。

（1）一大早，人们身穿节日盛装，挑来清水______佛像“洗尘”，________神灵保佑人们在新的一年里身体健康。

（2）据说，在泼水节中______被泼的水越多，这一年______就最幸福。

3 根据短文内容，用括号内的词语或格式回答问题。

（1）泼水节都有哪些节日活动？（挑来　洗尘　祈求）

（2）节日里，人们怎么泼水？（沾　洒　泼　湿透）

四、表达活动

3～5人一组，每个人介绍一次让自己大开眼界的旅游经历，谈谈那些让你感兴趣的旅游景点。

（1）先把你的经历写在一张纸上，你可以选用下面括号里的词语。

（位于　被称为　习俗　悠久　优美　独特）

（2）在小组里口头交流各自的经历。

（3）每个小组派一个代表向全班汇报小组的交流情况。

五、拓展练习

听力 10-3

关键词语

1	申报	shēnbào	V	to apply for, to declare
2	重镇	zhòngzhèn	N	important town or city
3	拆除	chāichú	V	to dismantle
4	攻击	gōngjī	V	to attack

1 听第一遍录音，选择正确答案。

（1）丽江古城到现在已经有________多年的历史。

A. 300　　B. 500　　C. 700

（2）在中国，以整座古城来申报世界文化遗产并成功的古城有________。

A. 1个　　B. 2个　　C. 3个

（3）关于丽江没有围墙的原因，本文谈了几个？

A. 1个　　B. 2个　　C. 3个

（4）丽江之所以不担心敌人的攻击，是因为________。

A. 四面都是山

B. 有很多商贸往来

C. 统治者很厉害

2 听第二遍录音，填空。

（1）丽江古城________已经有700多年的历史，是中国的历史文化名城________。

（2）他想，要是修个围墙，就________“木”字外加一个“口”，那就是困难的“困”字了，自己把自己困在里面了。

（3）丽江古城的地理位置非常好，四面环山，可以________山________最大的围墙。

3 听第三遍录音，回答问题。

（1）丽江古城为什么没有城墙？

（2）为什么说丽江不害怕敌人的攻击？

阅读

关键词语

1	饲养	sìyǎng	V	to feed (an animal)
2	互补	hùbǔ	V	to be complementary
3	险峻	xiǎnjùn	A	steep
4	沿途	yántú	N	along the way
5	遗迹	yíjì	N	relic
6	多姿多彩	duōzī-duōcǎi		colorful
7	走廊	zǒuláng	N	corridor

茶马古道

茶马古道，是中国历史上最古老的商业贸易通道，位于中国四川、云南和西藏的高山密林中，距今已有一两千年的历史了。

这条古道为什么要以“茶马”两字来命名呢？因为这条古道最早起源于唐朝时期的“茶马互市”。互市是相互买卖、交易的意思。西藏属于高寒地区，海拔都在三四千米以上，藏族人民平时以奶类、牛羊肉等为主食，那里缺少蔬菜，人们需要喝茶来帮助消化，但西藏本地不产茶。而内地因为民间劳动和战争的关系需要大量的马匹，但内地缺少足够的马。与此相对应的是，云南、四川等地是茶的主要产地，而西藏等边境地区则饲养了大量好马。于是，具有互补性的茶和马的交易，即“茶马互市”便诞生了。

由于四川、云南和西藏地区山势险峻，所以这条通道的贸易往来主要依靠马帮。马帮，是民间组织起来的一群赶马的人以及他们的骡马队，是大西南地区特有的一种交通运输方式。千百年来，正是一批批富有冒险精神的马帮，促成了茶马古道商业贸易的发展。茶马古道上交换的商品不只是茶和马，随着交易的深入，藏区的毛皮、药材和内地出产的布匹、盐和日用品等，在高山深谷间南来北往，流动不息。

茶马古道连接着沿途各个少数民族的聚居地，在带动经济交流与发展的同时，也让沿途地区的艺术、宗教、风俗文化得到了空前的繁荣和发展。正所谓“五里不同音，十里不同俗”，沿着茶马古道旅行，一路上民居样式、衣着服饰、民情风俗、所说语言都在不断变换，让你感受到无穷的魅力。无数的自然界奇观、人类文化遗产、古代民族风俗遗迹分布在茶马古道上，这其中就包括我们熟知的大理和丽江古城、西双版纳等地古老的市镇。这种多元文化特点，使茶马古道成为一条多姿多彩的民族文化走廊。

1 快速读完上面的短文，并根据短文内容选择正确答案。

（1）茶马古道位于中国的________地区。

A. 西藏、云南、四川

B. 西藏、新疆、甘肃

C. 云南、贵州、四川

（2）西藏地区缺少________。

A. 肉类　　B. 茶叶　　C. 马匹

（3）内地缺少________。

A. 马匹　　B. 蔬菜　　C. 茶叶

（4）茶马古道上交换的商品________。

A. 只有茶和马　　B. 不只是茶和马　　C. 只有茶

2 再读一遍短文，根据短文内容填空。

（1）这条古道为什么要________“茶马”两字来________呢？因为这条古道最早________唐朝时期的“茶马互市”。

（2）于是，具有________的茶和马的交易，________“茶马互市”便诞生了。

（3）由于四川、云南和西藏地区山势________，所以这条通道的贸易往来主要________马帮。

（4）正________“五里不同音，十里不同俗”，________茶马古道旅行，一路上民居样式、衣着服饰、民情风俗、所说语言都在不断变换，________你________到无穷的魅力。

3 根据短文内容，用括号内的词语或格式回答问题。

（1）为什么茶马古道要以“茶马”两字来命名？（起源于　互补性　诞生）

（2）为什么茶马古道的贸易往来主要依靠马帮？（险峻　冒险）

（3）“五里不同音，十里不同俗”指的是什么？（沿途　变换　魅力）

语言实践

做一个调查，看看周围的人有没有去过云南或听说过云南的，请他们谈谈去云南的收获或对云南的印象。

六、聚宝盆（写下这一课新学会的词语和句子）

生词表

生词	拼音	课号
A		
阿拉伯数字	Ālābó shùzì	6
挨打	ái dǎ	8
癌症	áizhèng	9
B		
颁发	bānfā	9
伴侣	bànlǚ	2
保守	bǎoshǒu	6
保佑	bǎoyòu	10
保障	bǎozhàng	4
抱怨	bàoyuàn	8
彼此	bǐcǐ	7
毕竟	bìjìng	4
变迁	biànqiān	9
便利	biànlì	4
便携	biàn xié	2
遍布	biànbù	8
标配	biāopèi	3
表象	biǎoxiàng	1
不愧	búkuì	6
不适	búshì	1
不等	bùděng	6
不经意	bù jīngyì	3
C		
才华	cáihuá	3
策划	cèhuà	3
拆除	chāichú	10
倡导	chàngdǎo	2

生词	拼音	课号
嘲笑	cháoxiào	4
炒作	chǎozuò	3
彻底	chèdǐ	2
沉迷	chénmí	2
沉溺	chénnì	7
沉思	chénsī	2
程序员	chéngxùyuán	8
冲动	chōngdòng	6
冲击	chōngjī	1
出境	chū jìng	5
处罚	chǔfá	1
喘气	chuǎn qì	8
创业	chuàngyè	4
从容	cóngróng	2
粗犷	cūguǎng	10
催生	cuī shēng	3
脆弱	cuìruò	7
寸草不生	cùncǎo-bùshēng	9
D		
打哈欠	dǎ hāqian	1
大厨	dàchú	4
大幅	dàfú	9
大街小巷	dàjiē-xiǎoxiàng	10
大开眼界	dàkāi-yǎnjiè	10
代价	dàijià	1
待遇	dàiyù	8
傣族	Dǎizú	10
淡定	dàndìng	6

生词	拼音	课号
诞生	dànshēng	6
挡住	dǎngzhù	9
导致	dǎozhì	9
倒闭	dǎobì	8
倒霉	dǎo méi	7
得体	détǐ	8
登录	dēnglù	4
点燃	diǎnrán	3
电线杆	diànxiàngān	2
电子商务	diànzǐ shāngwù	5
钉子	dīngzi	4
顶峰	dǐngfēng	4
动力	dònglì	9
动漫	dòngmàn	7
多样化	duōyànghuà	4
多姿多彩	duōzī-duōcǎi	10
E		
恶劣	èliè	9
F		
发动机	fādòngjī	5
发挥	fāhuī	4
发扬光大	fāyáng-guāngdà	2
反差	fǎnchā	3
泛化	fànhuà	7
妨碍	fáng'ài	2
访客	fǎngkè	2
放牧	fàngmù	9
分寸	fēncun	8
分割	fēngē	7
丰厚	fēnghòu	5
风靡	fēngmǐ	3
风情	fēngqíng	10

生词	拼音	课号
封套	fēngtào	6
负担	fùdān	2
负面	fùmiàn	7
副产品	fùchǎnpǐn	3
覆盖	fùgài	6
覆盖率	fùgàilǜ	9
G		
干旱	gānhàn	9
干涸	gānhé	9
干扰	gānrǎo	2
感恩	gǎn ēn	8
高昂	gāo'áng	6
高速	gāosù	1
隔阂	géhé	7
更新	gēngxīn	2
公认	gōngrèn	7
攻击	gōngjī	10
功利	gōnglì	8
共享	gòngxiǎng	4
贡献	gòngxiàn	9
古老	gǔlǎo	10
顾名思义	gùmíng-sīyì	10
光棍儿	guānggùnr	6
光临	guānglín	5
规范	guīfàn	8
H		
合得来	hédelái	7
和谐	héxié	4
呼吁	hūyù	1
胡乱	húluàn	2
互补	hùbǔ	10
花卉	huāhuì	1

生词	拼音	课号
缓解	hǔanjiě	1
荒凉	huāngliáng	9
荒漠	huāngmò	9
黄牛	huángniú	3
毁坏	huǐhuài	9
货真价实	huòzhēn-jiàshí	9
J		
积攒	jīzǎn	9
极端	jíduān	2
即	jí	6
集约农业	jíyuē nóngyè	9
嫉妒	jídù	7
家长里短	jiācháng-lǐduǎn	6
监督	jiāndū	8
减退	jiǎntuì	6
奖励	jiǎnglì	8
交际	jiāojì	1
胶带	jiāodài	6
焦虑	jiāolǜ	4
教养	jiàoyǎng	8
接连不断	jiēlián-búduàn	6
截至	jiézhì	9
借助	jièzhù	9
津津乐道	jīnjīn-lèdào	4
紧随	jǐn suí	1
精打细算	jīngdǎ-xìsuàn	5
景气	jǐngqì	5
警示	jǐngshì	1
警惕	jǐngtì	3
救急	jiù jí	4
局限	júxiàn	4
沮丧	jǔsàng	8

生词	拼音	课号
具备	jùbèi	1
据悉	jùxī	3
绝迹	jué jì	9
君子	jūnzǐ	8
K		
开朗	kāilǎng	7
开屏	kāi píng	10
开销	kāixiāo	2
开支	kāizhī	2
砍伐	kǎnfá	9
侃侃而谈	kǎnkǎn-értán	7
空缺	kòngquē	8
抠	kōu	7
哭笑不得	kūxiào-bùdé	7
夸张	kuāzhāng	3
跨境	kuà jìng	6
困扰	kùnrǎo	2
L		
老大难	lǎo-dà-nán	6
劳动力	láodònglì	1
乐土	lètǔ	10
冷落	lěngluò	2
冷漠	lěngmò	8
离异	líyì	1
礼仪	lǐyí	1
理念	lǐniàn	5
利润	lìrùn	5
利用率	lìyònglǜ	4
联欢	liánhuān	6
另类	lìnglèi	6
另辟蹊径	lìngpì-xījìng	5
浏览	liúlǎn	7

生词	拼音	课号
M		
麻木	mámù	6
蔓延	mànyán	6
漫天飞舞	màntiān-fēiwǔ	9
盲目	mángmù	5
矛盾	máodùn	2
媒介	méijiè	2
媒体	méitǐ	4
迷人	mírén	3
迷失	míshī	7
密不可分	mìbùkěfēn	9
密切	mìqiè	2
名山大川	míngshān-dàchuān	1
明媚	míngmèi	10
模糊	móhu	7
模拟	mónǐ	10
N		
宁愿	nìngyuàn	6
扭曲	niǔqū	3
女郎	nǚláng	3
O		
偶像	ǒuxiàng	3
P		
配件	pèijiàn	2
疲劳	píláo	6
偏爱	piān'ài	5
品牌	pǐnpái	5
凭借	píngjiè	3
迫切	pòqiè	4
普及	pǔjí	5
Q		

生词	拼音	课号
歧途	qítú	3
祈求	qíqiú	10
气派	qìpài	5
洽谈	qiàtán	8
恰恰	qiàqià	3
千姿百态	qiānzī-bǎitài	10
前列	qiánliè	5
潜意识	qiányìshí	7
潜在	qiánzài	5
巧妙	qiǎomiào	8
侵入	qīnrù	2
亲密无间	qīnmì-wújiàn	8
轻而易举	qīng'éryìjǔ	2
趋势	qūshì	1
渠道	qúdào	7
群体	qúntǐ	5
全民	quánmín	2
R		
染	rǎn	1
人格	réngé	3
认知度	rènzhīdù	5
日前	rìqián	1
日益	rìyì	5
荣升	róngshēng	8
容纳	róngnà	10
溶解	róngjiě	10
入侵	rùqīn	2
S		
丧失	sàngshī	1
扫码	sǎo mǎ	4
沙丘	shāqiū	9
善解人意	shànjiě-rényì	8

生词	拼音	课号
商机	shāngjī	5
上层	shàngcéng	8
上瘾	shàng yǐn	7
申报	shēnbào	10
实惠	shíhuì	4
实施	shíshī	1
实体经济	shítǐ jīngjì	3
嗜好	shìhào	1
手艺	shǒuyì	4
受众	shòuzhòng	4
受罪	shòu zuì	2
瘦身	shòu shēn	6
疏离感	shūlígǎn	7
疏远	shūyuǎn	2
输出	shūchū	5
属性	shǔxìng	7
数字化	shùzìhuà	2
衰亡	shuāiwáng	3
率先	shuàixiān	5
顺手	shùnshǒu	1
司空见惯	sīkōng-jiànguàn	4
饲养	sìyǎng	10
损失	sǔnshī	1
缩减	suōjiǎn	9
T		
探听	tàntīng	8
坦言	tǎnyán	7
套近乎	tào jìnhu	1
梯子	tīzi	4
提倡	tíchàng	4
体谅	tǐliàng	8
天赋	tiānfù	3

生词	拼音	课号
通信	tōngxìn	5
统一	tǒngyī	2
透露	tòulù	5
突破	tūpò	4
途径	tújìng	3
推测	tuīcè	5
推广	tuīguǎng	4
推托	tuītuō	8
推销	tuīxiāo	3
退化	tuìhuà	9
W		
维护	wéihù	7
无人机	wúrénjī	6
无形中	wúxíngzhōng	2
物流	wùliú	6
X		
下巴	xiàba	3
下单	xià dān	6
下功夫	xià gōngfu	5
掀翻	xiānfān	9
鲜明	xiānmíng	5
显眼	xiǎnyǎn	1
险峻	xiǎnjùn	10
限于	xiànyú	7
相较于	xiāng jiào yú	6
象形文字	xiàngxíng wénzì	10
席卷	xíjuǎn	5
心甘情愿	xīngān-qíngyuàn	3
心事	xīnshì	8
兴起	xīngqǐ	4
兴盛	xīngshèng	4
形势	xíngshì	5

生词	拼音	课号
兴高采烈	xìnggāo-cǎiliè	10
虚拟	xūnǐ	9
学识	xuéshí	3
循环	xúnhuán	6
Y		
亚马逊雨林	Yàmǎxùn Yǔlín	9
亚太地区	Yà-Tài dìqū	5
烟草税	yāncǎoshuì	1
烟瘾	yānyǐn	1
淹没	yānmò	9
延伸	yánshēn	7
沿途	yántú	10
演奏	yǎnzòu	10
眼球经济	yǎnqiú jīngjì	3
遥远	yáoyuǎn	9
业界	yèjiè	5
业内人士	yènèi rénshì	2
业余	yèyú	2
一流	yīliú	4
依赖	yīlài	2
宜人	yírén	10
遗迹	yíjì	10
一刀切	yìdāoqiē	2
一举两得	yìjǔ-liǎngdé	4
一毛不拔	yìmáo-bùbá	6
意想不到	yìxiǎng-búdào	4
意志力	yìzhìlì	1
银发族	yínfàzú	6
隐性	yǐnxìng	7
隐私	yǐnsī	8
迎合	yínghé	3
应酬	yìngchou	1

生词	拼音	课号
优惠	yōuhuì	6
悠久	yōujiǔ	10
邮政	yóuzhèng	6
油腻	yóunì	3
游览	yóulǎn	10
预订	yùdìng	8
预计	yùjì	1
欲望	yùwàng	1
原住民	yuánzhùmín	6
Z		
增进	zēngjìn	7
占据	zhànjù	5
占领	zhànlǐng	9
珍惜	zhēnxī	8
真诚	zhēnchéng	8
真人秀	zhēnrénxiù	3
争分夺秒	zhēngfēn-duómiǎo	2
整容	zhěng róng	3
正规	zhèngguī	3
支撑	zhīchēng	3
直率	zhíshuài	7
指数	zhǐshù	7
志同道合	zhìtóng-dàohé	7
治愈	zhìyù	9
重镇	zhòngzhèn	10
皱纹	zhòuwén	2
主管	zhǔguǎn	8
主力	zhǔlì	5
嘱咐	zhǔfù	8
注册	zhùcè	4
专心致志	zhuānxīn-zhìzhì	8

生词	拼音	课号
壮观	zhuàngguān	10
追求	zhuīqiú	3
准则	zhǔnzé	8
着想	zhuóxiǎng	8
自媒体	zìméitǐ	3
自治区	zìzhìqū	5
走廊	zǒuláng	10
足不出户	zúbùchūhù	7
琢磨	zuómo	9

录音文本

第一课　抽烟有害健康

听力 A

全球烟民超过 10 亿

英国某医学杂志称，全球四分之一的男性和二十分之一的女性染有烟瘾。据研究人员统计，2015 年全球吸烟人数为 9.33 亿人，由于不发达国家吸烟人数高速增长，现在全球吸烟人数已超过 10 亿。如果这种趋势保持下去，在未来 100 年内，吸烟将可能导致全球约 10 亿人死亡。大部分吸烟者来自亚洲国家。在中国、印度和印尼，约有 4 亿男性烟民长期抽烟。美国、中国和印度的女烟民最多，在这三个国家大约有 1300 万至 1700 万女性抽烟。俄罗斯烟民人数紧随中国、印度和美国之后，位列第四。在这些国家，每年约有 20 万至 80 万人死于吸烟。

本文改编自环球网 2017 年 4 月 7 日文章

《英媒：全球烟民已破 10 亿　中印美俄最多》

听力 B

中国急需禁烟

世界卫生组织日前发布报告指出：全球每年约有 600 多万人因吸烟死亡；预计到 2030 年，因吸烟而死亡的人数将增长三分之一以上；在目前全球 10 亿多吸烟者中，近 80% 的人生活在低收入和中等收入国家。

根据世界卫生组织和联合国开发计划署发表的报告，如果不在短期内尽快减少吸烟人口的话，中国将会付出巨大的经济代价。该报告对于吸烟所造成的经济成本的统计包括了治疗与吸烟有关疾病的直接医疗费用，以及吸烟导致劳动力丧失所造成的间接经济损失。

世界卫生组织和联合国开发计划署因此建议中国政府参考北京市和上海市禁止在绝大多数公共场所吸烟的政策，在全国范围内实行禁烟令，并希望政府提高烟草税，让吸烟的成本变得更高。目前中国一盒普通的香烟价格仅为 10 元左右。据说，只要将香烟零售价格提高 50%，就能在未来 50 年避免 2000 万中国人因吸烟而过早死亡。

拓展练习 · 听力

戒烟的几个方法

随着越来越多的人开始意识到吸烟的危害，越来越多的吸烟者加入了戒烟的行列。吸烟是很容易让人上瘾的，但戒烟就没那么容易了。在戒烟的时候常常会出现一些不舒服的症状，比如感到焦虑，不停地打哈欠，甚至还会头痛、失眠，不停地咳嗽，情绪波动也会很厉害，容易发脾气。这些身体和心理的反应大多都是正常的。这其实就是一场考验，坚持下去。当你不再想用吸烟来缓解压力，对于身边有人吸烟也没有什么感觉，甚至觉得烟的味道不是那么好闻，别人敬烟也能直接拒绝时，说明你离成功戒烟不远了。

除了靠意志力外，其他一些小方法也可以来帮助戒烟，比如吃零食或者喝茶，玩儿游戏或者和别人聊聊天儿，这些事情可以转移大脑的注意力。如果觉得靠这些手段还是很难戒烟，可以选择去医院，通过专业的药物治疗来戒烟。有实验结果表明，经过专门的药物治疗后，戒烟的成功率明显增加。因为药物能减少戒烟带来的不适感。

不管对于哪个年龄层的人来说，戒烟都是一件有益于健康的事情，不过专家建议，最好在 35 岁之前戒烟，这样能够让肺部恢复到健康的水平。

第二课 让人又爱又恨的手机

听力 A

伤感情的手机

手机悄悄地进入了我们每个人的私人领域，而智能手机更是将这种能力发扬光大。研究证明，一直不停地玩儿手机不仅伤眼睛，更伤感情。美国贝勒大学邀请 450 位成年人评价“低头族”带来的影响，超过 46% 的人表示曾因伴侣玩儿手机而感觉受到冷落，其中 23% 的人为此吵过架。

这很好解释。如果伴侣只顾玩儿手机而忽略了你，你对伴侣的满意度就会下降，甚至造成生活满意度下降。智能手机在无形中对生活的侵入严重影响了人际关系。要真正认识并了解一个人，需要的是耐心及情感投入，这些恰恰都受到了手机的影响。不仅如此，手机还会妨碍独处和沉思。而这几项都是获得幸福生活的关键。

听力 B

一位没有手机的"怪人"

智能手机为人们带来了巨大的便利，并以强大的力量改变着人们的生活。如果现在还有人拒绝用智能手机，很可能会被认为是个怪人。

但在美国，有一位叫菲利普·里德的哲学系副教授，就是这样一个怪人。他从没用过智能手机，以后也不打算买，他有充分的理由去反对"智能手机是必需品"的看法。

首先是手机开销。里德认为，"15 年前这个东西根本不存在，更别提它是什么生活必需品了，但现在人们每月毫不犹豫地在手机上花费 75 美元"，这让他很不能理解。

他拒绝使用手机的另外一个重要原因，正好与其他人想拥有智能手机的理由相反——他不希望随时随地地与他人联系。他认为，手机用户随时在线确实便利，但也强迫你对各种人和事物保持密切关注，这是一种巨大的精神负担。

不过，对于电话通信他并非一刀切地一概排斥。里德不用智能手机，但不拒绝使用传统的固定电话。"很多人会说，固定电话和手机一样会'入侵'。但固定电话始终受到自然和物理限制，而手机的可移动性与强大智能让交流轻而易举。我想保护仅存的那些无须媒介传导的交流体验。"他说。

以上两篇文章均改编自《青年参考》2017 年 04 月 19 日 18 版

《"我为什么不用智能手机"》，作者张宝钰

拓展练习 · 听力

"技术脖"

你可能不知道，经常低头看手机、电脑等会令年轻人脖子上的皱纹不断加

深，业内人士还给这种现象起了一个新名字——“技术脖”。这种症状主要出现在 18 岁至 39 岁年龄群中，他们的统一特征是：至少有 3 部便携式电子设备，包括智能手机、平板电脑、Kindle 等。

英国伦敦一家诊所的皮肤科医师佩恩说：“下巴变松、脖子长皱纹等问题原本在中老年时期才会出现。但过去十年里，它却成了困扰年轻女性的问题，每天用好几个小时的手机或平板电脑显然是原因之一。”有统计数字显示，2014 年，因为“技术脖”而接受美容手术的英国女性人数增长了 280%。皱纹一旦生成，不靠“极端”手段几乎难以去除。

所以，爱美又怕疼的姑娘们，每天多抬抬头吧！

本文改编自《新安晚报》2015 年 09 月 11 日《手机“也疯狂”》

第三课　网红现象

听力 A

网络红人

网红，指网络红人，就是在网络上走红的人。网红是网民的偶像；网民是网红的粉丝。网红现象，是网络发展的副产品。

什么样的人容易成为网红？至少从数据上看，漂亮的脸蛋儿和迷人的身材是成为网红的一大优势。根据《2016 中国网红经济白皮书》，82.5% 的网红都是美女。

长得漂亮更容易引起人们的关注，这很正常。有些网红承认自己做过小小的整形，尖下巴、双眼皮、大长腿几乎成为网红的“标配”。

靠才华来吸引粉丝，也是成为网红的一个途径。一些网红利用他们在某一领域的优势，为网友提供或实用或有趣的内容，也能赢得大量粉丝。

还有一些人是因为“很特别”而吸引了许多粉丝。比如有的网红经常发表一些有个性的言论，有的网红擅长表演一些独特、有趣的节目，等等。

听力 B

网红经济

网红，不仅仅指网络红人。除了网络红人以外，还有网红店、网红商品、网红经济……

有不少人为了买一杯饮料、一块点心，心甘情愿地排几个小时的队，或者花超过原价几倍的价钱，从“黄牛”手上拿货，只因这是风靡朋友圈的网红食品，是从风靡朋友圈的网红店里买来的，不但可以吃到嘴里，还能发到朋友圈里。

网红商品的粉丝主要是城市里的年轻人。他们有两大特点：一是追求品牌，二是追求时尚。网红商品恰恰具备了这两个特性，因此这些年轻人不仅愿意排队，甚至还愿意从很远的地方赶到网红店去排队，或者花很大的价钱从网上购买。

网红店、网红商品，催生了网红经济。于是网红店前人头济济，网红品牌层出不穷。不过，得小心了，网上的东西，来得快，去得也快，今天走红的，明天也许就不红了。

拓展练习 · 听力

网红食品真的好吃吗？

费了很大力气买来的网红食品，真的那么好吃吗？

记者采访了汪女士，她之前冒雨去网红店排了两个多小时队，只是为了买几个网红葱油饼。她说：“我给朋友买的，她难得回国，前两天经过人民广场，看到那么多人排队，她说肯定很好吃。”但吃完以后朋友感觉一般，“比较油腻”。确实，很多网红食品谈不上美食。网红食品卖家的主要精力从来不是放在食品的质量上，而是放到了宣传和炒作上。

最近有新闻报道，一些网红店门前那些排队的顾客，竟然是花钱请来的。很多当初要排几个小时队的网红店，现在已经门前冷落，甚至有的已经关门停业了。

凡是炒作出来的东西，都不会长久。通过网红来点燃某一个品牌可以，但是想要持续红下去，还要靠品质支撑，否则炒作速度越快，衰亡得也越快，是红不了多久的。

第四课　共享经济

听力 A

共享经济在中国

20 多年前，共享经济在中国还常常遭到嘲笑。但如今它在中国已经成了人们熟悉并欢迎的经济模式。从吃穿到出行，从媒体到教育，无论做什么的都会谈到共享经济。去年中国共享类创业公司获得投资接近250亿美元，远远超出了汽车业和房产业。

共享经济的发达有个非常重要的原因，那就是中国消费者爱用移动支付系统。去年中国的移动支付规模比美国大50倍。如今，中国消费者在买单时拿着手机扫描二维码早已司空见惯，哪怕支付的钱可能只有一两块。

共享经济本来就建立在互联网的基础上，而移动支付的普及，是推动各种共享经济平台迅速发展的重要因素。

听力 B

共享经济的好处

共享经济确实有不少好处。共享经济的最大好处，自然是它给我们的生活带来了许多便利。需要骑自行车？没问题，手机扫码，骑走。突然下雨了，怎么办？没关系，这里有伞，扫码，拿走。

共享经济的第二个好处，是可以更好地满足人们的个性化需求。你想点一个川菜，再点一个粤菜，还想来一个鲁菜？没问题，美食共享平台为你提供各种各样的选择，保证满足你的需求。

共享经济的第三个好处，是节约资源。比如共享汽车，就大大提高了家庭私人小轿车的利用率。

但共享经济毕竟是一种新的经济模式，在发展中，也给我们带来了一些意想不到的问题。有些共享经济形式对我们的日常生活造成了影响；有些共享经济平台恶性竞争，造成了资源浪费；有些共享产品的质量得不到保障。比如前几年的共享单车，什么“小黄车”“小蓝车”“小红车”，马路上到处都是，把人行道都占了，不但影响交通，也是极大的资源浪费。

拓展练习 · 听力

家家户户都可使用的工具箱

共享经济是个新事物，但“共享”不是一个新概念。朋友间传阅一本好书，就是“共享”，公园里的免费茶水，也是“共享”。现在大家对共享经济津津乐道，我倒是觉得，共享理念、共享精神更值得大力提倡。

比如说，居民小区的共享工具箱就值得全国推广。居民们都知道，家里为了换个灯泡，不得不去超市买个100多块钱的梯子，可能一年就用一次。要用几个钉子，还要跑超市，而且买一两个还不行，买多了又浪费；更不要说水龙头松动了，自行车没气了，等等，都得用到各种工具。结果每家每户都有不少利用率很低的工具，浪费钱不说，还占地方。可有了共享工具箱就不一样了，居民们主动把这些工具贡献出来，统一放到小区的固定位置，谁需要就可以登记使用，提高了这些工具的利用率，方便实惠。小区一些老人如果家里什么东西坏了需要修理，自己又没有修理的能力，邻居还会主动帮忙。

如果全国所有社区都能推广这一做法，由此节省的资源可能就不是小数目了，而且还能促进小区和谐，加深邻里情谊。

第五课　变化的消费观

听力 A

中国网购族偏爱高新科技产品

据调查，在使用高科技产品方面，中国消费者在亚太地区走在了前列。中国率先使用高新科技产品的消费者比例最高，59%的人表示只要此类产品一上市就会立刻购买。排在中国之后的分别是马来西亚和印尼，都是49%；此外，越南是40%，菲律宾是32%。在购买途径上，当考虑购买下一件科技产品时，62%的中国消费者更有可能在网上购买，印尼是38%，马来西亚是33%，越南是29%，菲律宾是24%。可见中国有一大批网购族。

智能手机是中国网购族最普遍拥有的科技产品，其他还有台式电脑、笔记本电脑、数码相机和头戴式耳机等。2015年上半年中国内地的所谓3C产品，就是电脑、通信和消费电子产品，网购总额达到了1680.6亿元。

本文改编自《环球时报》2016-05-17

《港媒：网购高科技产品　中国消费者在亚太独领风骚》，作者岑泆［音］，王会聪译

听力 B

逐渐兴起的“运动休闲风”

近年来，越来越多的中国消费者开始追求“运动休闲风”，一些世界知名运动品牌已从中获得丰厚利润。

中国一直是奢侈品的重要市场，至2015年，中国市场几乎占了全球奢侈品市场的一半。但近年来，奢侈品对于日益壮大的中国中产阶层已经不那么有吸引力了。他们的消费偏好渐渐从一味追求高档品牌转变为追求积极健康的生活方式。

随着热爱运动的人群日益增多，运动，渐渐成为社会时尚，许多人家里添置了运动器材，身上也穿上了各式各样的运动服。注重健康生活方式的“运动休闲风”曾经席卷美国，如今它正影响着中国。对于相关企业来说，这是一个巨大的商机。

拓展练习 · 听力

旅游市场形势大好

在全球经济普遍不景气的背景下，旅游市场却形势大好。国际旅游交易会（ITB）报告推测，明年旅游市场增长率将达4.4%。

根据报告，亚太地区主导了旅游市场的增长趋势。亚太地区以6.1%的增长率远远超过其他地区。主导亚太地区旅游市场增长趋势的是中国游客。2005年中国出境游客为3000万人次，2010年达到5700万人次，2015年增加到了1.2亿人次，预计今后几年中国出境游客数量还将持续增长。

出国旅游需要一定的经济基础。调查显示，在亚洲地区，当人均年收入达到8000美元以上，就有可能形成成规模的海外旅行需求。2015年，中国满足这一条件的地区有北京、上海和天津等13个省、市、自治区，2020年将增加到27个。因此业界认为，未来将会有更多的中国人去往海外旅游。也许，今后中国最大的输出项目不再是“中国制造”，而是中国游客。

第六课 “双十一”来了

听力 A

“光棍儿节”

2009年以前的11月11日是用来庆祝单身生活的娱乐性节日。因为这一个日期里有四个阿拉伯数字“1”，看上去像四根光滑的棍子。而“光棍儿”在中文里有单身的意思，所以“光棍儿节”成了单身一族的另类节日。

据说，“光棍儿节”最早诞生于二十世纪九十年代初南京的大学校园。通过网络等媒介传播，再加上商业因素的推动，“光棍儿节”逐渐从大学校园蔓延到整个社会，形成一种节日文化。这一天成为年轻人聚会、狂欢、购物的日子。年轻人以各种方式庆祝“光棍儿节”，他们叫上一群朋友外出游玩，唱歌，喝酒，等等。

然而，自2009年淘宝利用“光棍儿节”举办大型网络促销活动以后，这一原本单身者的节日渐渐转变成了购物节——“双十一”。2009年至2018年，短短十年间，“双十一”销售额从最初的0.5亿元上升到了2135亿元，商家成功地将“双十一”打造成了购物狂欢节。

听力 B

“双十一”老年人在买什么？

根据“阿里巴巴”今年发布的《银发族消费升级数据》，淘宝天猫的银发族三年来增长了1.6倍，占总消费群体的5%。那么，参与“双十一”网购狂欢的老年人都买了些什么呢？在网购时，他们更看重什么？

据调查，在网购中，老年群体最为看重的是商品价格、商品品质、送货方式。从老年用户对商品的评价可以看出，快递的方便对他们尤其具有吸引力。但相较于年轻人的网购习惯，老年人在网购的时候更理性，一般不会只因为便宜就下单购买，而是看是否需要。对于金额较大的商品，他们还是宁愿去实体店购买，毕竟“眼见为实”，看见了实物再买，更让人放心。

不少网购的老人表示，现在不出门就可以“买买买”。除了平时的家长里短，如何在网上挑选商品也成为他们之间交流分享的话题，为晚年生活增加不少乐趣和便利。

拓展练习 · 听力

“双十一”你刷单了吗？

据调查，很多受访者今年“双十一”期间的花费在1000～3000元之间，当然，也有市民“一毛不拔”。工作刚三年的“90后”宋先生，今年的花费就是0元。他告诉记者，十年前“双十一”刚刚出现的时候他就参与了，是网购“原住民”。今年之所以没有参与“双十一”，主要是因为激情减退，“今年本来也打算买个无人机，但看了下价格说是便宜400元，感觉打折力度不大”。考虑到“双十一”期间有可能收货比较慢，宋先生最终没有购买。

与宋先生不同的是，郭女士在10月底就开始创建自己的购物心愿单。今年“双十一”她仍旧像往年一样“大干了一场”。买的理由有两条，第一是确实需要，第二是价格优惠。

在走访中，记者发现，很多年轻人，无论男女，已将“双十一”视为“传统节日”，不管买不买都会在睡前用手机刷一刷淘宝或京东等购物网站。李先生表示，如今的“双十一”已经超越电商促销的概念，更像是一个覆盖吃、喝、玩儿、乐等生活场景的全方位大联欢，很多意想不到的东西都放上去了。虽然线下的购物节也在热闹地进行着，但大多数人还是更愿意线上刷单。

第七课　网络社交

听力 A

“00后”的社交行为

2017年10月，有关调查机构对“00后”，也就是新世纪出生的一代人的网络社交行为进行了调查。这份调查报告指出，作为独生子女一代，由于社交范围还没有形成，他们对“陌生人交友”的接受度最高，其40%的社交需求是积极认识更多陌生人。另外，“谈论游戏、动漫和追剧等兴趣”占了交友目的的40%。

网络社交在一定程度上增加了青年群体社交渠道的多样性，但有专家研究发现，和现实中的社交相比，年轻一代如沉溺于这种社交方式，将给他们健康个性的养成带来很多不利的影响——很多人会在网络社交中上瘾，而且如果一个人需要在网络社交中不断被肯定，很容易形成脆弱的性格。

听力 B

微信

微信是目前中国人最主要的移动交际平台。它曾推出过一个小功能——你可以查看自己微信里加的第一个好友是谁。当时这个功能在整个朋友圈红火了一阵子，人们的社交圈子忽大忽小，许多人来了，也有许多人走了。

自 2014 年开始，微信还帮网友们做过这样一个统计：在过去的一年里，你收到了多少个赞，以及谁是你朋友圈里点赞最多的人。点赞是一种美德。这看起来是很随意的行为，透露出的却是一个人的潜意识，说明他在喜欢、在乎、默默关注某个人。

微信还会帮助你统计你常用的表情符号。“我从来没想过自己习惯性发出的表情，还会反映出我的心情和个性。”张丽说。有一天她查看了一份数据分析，说她去年使用最多的是“大笑”的表情，其次是“抠鼻孔”，这说明她个性开朗、直率，去年一整年都心情不错。虽然这份数据未必那么科学准确，但是表情符号是肢体语言的延伸这一点，已经得到公认。

拓展练习 · 听力

点赞

2009 年社交网络平台 Facebook 在页面中加入了“Like”按钮，点赞功能就在各类社交网络中保留了下来，人们看到朋友的分享，往往会点一个赞留个印记。有时人家分享的是件倒霉事，有的人一个不小心，也会习惯性地点个赞，让人哭笑不得。

赞，就是称赞，赞同。不过，点赞不一定就是表示称赞或赞同。点赞常常是一种回应方式。看到朋友发的信息、图片，觉得总得表示一下，可是又不知道怎么表达，也懒得去想怎么表达，这时候点个赞是最简单的方式。点赞也是一种朋友之间、熟人之间的互动方式。你给我点个赞，我也给你点个赞，借此维护彼此的关系，沟通双方的感情。内容不重要，关系很重要。

点赞也是显示存在感的一种方式。通过点赞，提醒对方感知自己的存在，感知自己对他的关注。

当点赞的功能越来越泛化，点赞的含义也越来越模糊。点赞，越来越像人们谈话中的“呵呵”“嗯嗯”。

当然，点赞究竟是什么含义，是表示称赞、表示赞同、表示回应，或者只是打个招呼，那得看情况。

第八课 与人相处之道

听力 A

靠窗口的车票

20 世纪 80 年代初，日本大阪有一家大型贸易公司，业务遍布世界各地。公司专门设有主管订票业务的部门，为前来洽谈业务的人准备来往的火车票或飞机票等。

在这个部门，有一个姑娘，经常给德国一家公司的商务经理预订往来于东京和大阪之间的火车票。一段时间以后，那位经理发现：每次去大阪的时候，自己的座位总是在列车右边的窗口位置；回东京的时候，座位总是靠左边的窗口。

有一次，那位经理洽谈完业务，无意中对大阪贸易公司的老总说起这件事情。老总觉得好奇，带着德国经理来到订票部。负责订票的姑娘是这样解释的：“您来大阪的时候，美丽的富士山在列车的右边；当您返回东京的时候，美丽的富士山在您的左边。我想，您应该很喜欢欣赏富士山的景色吧。所以，每次订票的时候，我就替您订了靠窗口的车票。”

这让德国经理非常感动，公司老总也非常惊讶。从此，负责订票的那位姑娘引起了公司上层的重视，荣升为订票部主管。数年后，她成立了一家搬家公司，因为重视每个细节，处处为别人着想，她的公司最终成为日本最著名的搬家公司——阿特乔迁服务中心株式会社。当初那个女订票员，就是如今的日本女企业家寺田千代乃。

听力 B

什么是教养？

什么是教养？教养不是道德规范，也不是小学生行为准则，跟一个人的文化程度、社会地位也没什么关系。它是一种体谅，体谅别人的不容易，体谅别人的处境和习惯，处处为别人着想，不希望因为自己的缘故而让别人不舒服，这就是教养。

从一个人的行为细节上，你就可以看出一个人的教养。有一次，我跟同事一起搭飞机出差，吃完飞机餐，他把盒子、纸杯、餐巾纸等等都整理好，然后整齐地交给空姐。看着他的动作，我一下子就对他增添了许多敬意。

在公共场合，我们总是显得有教养些，因为有群体的压力。比如在干净的环境里，你不好意思乱丢垃圾；在安静的博物馆里，你不敢高声说笑；在医院或学校，你不敢抽烟。因为，周围有许多双眼睛盯着你。真正的教养是一种习惯，是不需要别人监督的。我有位朋友每次离开酒店，都会把床铺整理一下，把桌面上的东西整理好，尽量把房间恢复成进来时的样子。也许他和来打扫的阿姨永远不会见面，但对他来说，那并不重要，这只是一个习惯而已，这就是一个人的教养。

拓展练习 · 听力

感恩的心

史蒂文是一家软件公司的程序员，他已经在这家公司工作了八年。这一年，公司倒闭了。而此时，史蒂文的第三个孩子刚刚降生，巨大的经济压力使他喘不过气来。于是，史蒂文开始找工作。然而一个月过去了，他没有任何收获。一天，史蒂文在报纸上看到一家软件公司要招聘程序员，待遇非常好。他立刻赶去应聘。应聘者很多，竞争异常激烈。经过简单的交谈，公司通知他一个星期后参加笔试。在笔试中，史蒂文再次轻松过关。然而，在两天后的面试中，史蒂文没被选中。

不过史蒂文并不感到沮丧，更没有抱怨，而是给这家公司写了封信，表示感谢。信中这样写道："感谢贵公司花费人力、物力，为我提供了笔试、面试的机会。虽然我没有被选中，但通过应聘我增长了见识，有了很大的收获。"

三个月后，新年来临，史蒂文收到一张精美的新年贺卡，上面写着："尊敬的史蒂文先生，如果您愿意，请和我们共度新年。"贺卡是他上次应聘的公司寄来的。原来，公司又出现了空缺，他们第一个就想到了史蒂文。

所以说，许多时候，如果我们常常怀着一颗感恩的心，真诚地对待他人，人生的道路会越走越宽！

第九课 “抗沙战争”

听力 A

沙尘暴

一股大风卷起，黄沙随着大风漫天飞舞，一百多米高的黄沙好像一面墙一样，朝你扑过来。四周一下子变得昏黄起来，分不清天和地，也看不见前方，让人感觉好像世界末日要来了。这是不是很可怕？

也许你以为我在跟你介绍一部灾难电影的场景吧。但其实这都是真的，是沙尘暴来临时的真实场景，它离我们并不远。

什么是沙尘暴呢？沙尘暴是一种灾难性天气，通常发生在春天，是由强大的风力将地面的沙尘吹起而造成的可怕的天气现象。飞起来的沙尘被送到高空，随风飘到几百公里或几千公里远的地方，然后再落下。这个过程一般会持续好几天，甚至半个月。沙尘暴破坏力巨大，在大风吹过的地方，树木被连根拔起，房屋和车辆被毁坏或掀翻。当大量的沙尘落到地面的时候，还会把农田、公路、铁路等都埋起来，破坏生产和交通。人类和动植物都会因沙尘暴受伤，甚至死亡。

当然，并不是在所有有风的地方都会发生沙尘暴，只有那些气候干旱、植被稀少的地区，才有可能发生。由于人类大量砍伐森林，破坏植被，这些地方的土地沙漠化越来越严重，导致了沙尘暴天气的产生。

听力 B

殷玉珍的故事

沙漠，曾被称为“不可治愈的地球癌症”。面对沙漠，有的人选择了离开，有的人却选择留下来，并且改变它。今天我们就来给大家讲一位中国女性——殷玉珍——治理沙漠的故事。

1985 年，殷玉珍嫁到了内蒙古的一个小村庄，这里没有路，没有电，抬头是沙，低头也是沙。一次她去水井边打水，猛然发现水井边的一棵小树苗有了绿叶，她一下子有了希望，她想：一棵树能活，这沙地里就能种树。有了树就能挡住沙，挡住沙就能保住家、保住土地。

于是从1985年秋天开始，殷玉珍就在自己家的房前屋后都种上了树。让殷玉珍没想到的是，风沙太厉害，600多棵树苗被一场大风吹了个干干净净。殷玉珍没有被现实的困境打倒，她开始琢磨怎么才能不让大风把树苗都拔掉。她细心观察风的方向、沙的走向。慢慢地，她找出了与沙漠相处的方式。她和丈夫两人早出晚归地种树，越干越来劲儿。汗水不知往沙里流了多少，农具也不知用坏了多少。就这样，殷玉珍凭着自己的双手，与家人克服重重困难，在沙漠地带植树造林。30多年过去了，原来茫茫一片沙漠变成了“绿色王国”。在她的影响下，周围的老百姓也积极参与植树造林，当地森林覆盖率由10年前的32%提高到现在的70%。殷玉珍30多年的坚持，不仅感动了中国，也感动了世界。

拓展练习 · 听力

地球更绿了

最近有一个好消息传来：根据美国航天局的卫星数据，研究人员发现地球在过去20年左右的时间里变得更绿了。从2000年到2017年，地球陆地上的绿化面积增加了大约5%，也就是550万平方公里左右，这相当于增加了一个亚马逊雨林。

其中贡献最大的两个国家是中国和印度。虽然两个国家的面积只占全球陆地面积的9%，但绿化面积却占全球绿化面积的三分之一。这是一项惊人的发现，因为人们通常会认为，人口众多的国家一般会过度开发，导致土地退化、绿化面积减少，而中国和印度在过去的10多年里用于种植农作物的土地面积没有很大的变化，但两国的绿化面积和粮食产量都大幅增加了。两国新增绿化面积大多来自集约农业，其中中国占了32%，印度占了82%。集约农业是农业中的一种经营方式，可以使人们在相同面积的土地上种植更多的农作物。

值得一提的是，全球新增绿化面积中约四分之一来自中国，贡献比例居全球首位。这和中国几十年来积极植树造林、治理沙漠等工程密不可分。

第十课 云南行

听力 A

“欢迎大家来到西双版纳”

大家好，我是你们的导游小张，欢迎大家来到西双版纳旅游。

西双版纳位于云南省的南端，面积约 2 万平方公里，包括 1 个市、2 个县和西双版纳旅游度假区等。西双版纳是傣族自治州，“西双版纳”就是傣族语言，“西双”在傣语中是“12”的意思，“版纳”是古代的行政区域，沿用到今天，“西双版纳”合起来就是“十二个行政区”的意思。

由于气候温暖，阳光充足，湿润多雨，西双版纳有着世界上保存最为完好的热带雨林，也因此成为了动植物的乐土。这里的植物有 4000 多种，其中国家重点保护野生植物 20 多种。动物中鸟类最丰富，有 400 多种。因此，西双版纳有“植物王国”和“动物王国”的称号。

西双版纳少数民族人口众多。这里的少数民族大都保留着自己特有的文化和生活习俗。比如，傣族人喜欢住在竹楼里。竹楼就是用竹子做材料建成的房子，分上下两层，楼上住人，楼下可以存放物品、饲养家畜，竹楼外观非常漂亮，好像一只只开屏的孔雀。

好，现在请大家下车，跟随我来好好儿欣赏一下西双版纳的热带雨林和少数民族风情。

听力 B

丽江、纳西族与东巴文化

谈到丽江，你可能并不陌生，它是一座风景优美的历史古城，吸引了来自世界各地的游客。那么，除了独特的自然风光外，你知道丽江还有一个古老的少数民族叫纳西族吗？也许，这个你就不清楚了，那么下面我就来给大家介绍一下纳西族悠久的民族文化吧。

纳西族人口约 30 万，他们创造了自身独特的民族文化——东巴文化。东巴文化历史悠久，其中最有特色的是它的文字：一个字常常就是一幅图画，一幅图画就是一个故事，人们一看这个字就知道它是指什么事情。东巴文就是这样一种图画字，是一种象形文字。另外，东巴舞也是东巴文化的重要组成部分，舞蹈来源于古代纳西族人的社会生活，常常模拟各种动物的动作，生动而形象。

纳西族人带给人们的另一个惊喜就是纳西古乐。这种古乐已有700多年的历史，是云南省最为古老的音乐，也是中国或世界最古老的音乐之一。我们现在听到的纳西古乐，有三个特点：第一，演奏的曲子是古老的曲子；第二，使用的是古老的乐器，乐师们手上所用的乐器，都有一百年左右的历史了；第三，演奏者大部分都是七八十岁的老年人。

有人说，不到丽江不算到云南，不听纳西古乐不算到丽江。你们听了我的介绍，是不是也很想到丽江去感受一下呢？

拓展练习 · 听力

没有城墙的古城

今天我们来到了风景秀丽的丽江古城。丽江古城到现在已经有700多年的历史，是中国的历史文化名城之一。在中国，只有两座古城以整个古城来申报世界文化遗产并获得了成功，丽江就是其中的一座。

你们有没有发现，丽江古城没有城墙？你见过中国其他古城没有城墙的吗？恐怕没有吧。这就是丽江古城最特别的地方。那么为什么没有呢？有两个说法。一个说法是因为丽江古城的统治者姓木，木头的木。他想，要是修个围墙，就相当于“木”字外加一个“口”，那就是困难的“困”字了，自己把自己困在里面了。他觉得这不吉利，就不修建城墙了。另外一种说法是，丽江古城是商人往来的贸易重镇，是当时的经济中心。如果修建了城墙，不利于商人和马匹的进出，影响商业的往来。其实，丽江古城曾有过一段有城墙的历史，就是因为不利于商旅往来这个原因，很快就被拆除了。可能有的人要问，如果没有围墙，有敌人攻击怎么办呢？这个不用担心，丽江古城的地理位置非常好，四面环山，可以把山当成最大的围墙，根本不用担心敌人的攻击。